和谐校园文化建设读本

论俄罗斯教育

许晓菲　丁禹楠/编著

吉林教育出版社

图书在版编目(CIP)数据

论俄罗斯教育 / 许晓菲，丁禹楠编著. 一 长春：
吉林教育出版社，2012.6（2022.10重印）
（和谐校园文化建设读本）
ISBN 978 - 7 - 5383 - 8979 - 1

Ⅰ. ①论… Ⅱ. ①许… ②丁… Ⅲ. ①教育事业一研
究一俄罗斯 Ⅳ. ①G551.2

中国版本图书馆 CIP 数据核字（2012）第 116092 号

论俄罗斯教育
LUN E'LUOSI JIAOYU

许晓菲　丁禹楠　编著

| 策划编辑 | 刘　军　　潘宏竹 | | |
| 责任编辑 | 张　瑜 | 装帧设计 | 王洪义 |

出版　吉林教育出版社（长春市同志街 1991 号　邮编 130021）
发行　吉林教育出版社
印刷　北京一鑫印务有限责任公司

开本	710 毫米×1000 毫米　1/16	印张　10.5	字数　133千字
版次	2012 年 6 月第 1 版	印次　2022 年 10 月第 3 次印刷	
书号	ISBN 978 - 7 - 5383 - 8979 - 1		
定价	39.80 元		

编　委　会

主　　编：王世斌

执行主编：王保华

编委会成员：尹英俊　尹曾花　付晓霞
　　　　　　刘　军　刘桂琴　刘　静
　　　　　　张　瑜　庞　博　姜　磊
　　　　　　潘宏竹
　　　　　　（按姓氏笔画排序）

总 序

千秋基业，教育为本；源浚流畅，本固枝荣。

什么是校园文化？所谓"文化"是人类所创造的精神财富的总和，如文学、艺术、教育、科学等。而"校园文化"是人类所创造的一切精神财富在校园中的集中体现。"和谐校园文化建设"，贵在和谐，重在建设。

建设和谐的校园文化，就是要改变僵化死板的教学模式，要引导学生走出教室，走进自然，了解社会，感悟人生，逐步读懂人生、自然、社会这三本大书。

深化教育改革，加快教育发展，构建和谐校园文化，"路漫漫其修远兮"，奋斗正未有穷期。和谐校园文化建设的研究课题重大，意义重要，内涵丰富，是教育工作的一个永恒主题。和谐校园文化建设的实施方向正确，重点突出，是教育思想的根本转变和教育运行机制的全面更新。

我们出版的这套《和谐校园文化建设读本》，既有理论上的阐释，又有实践中的总结；既有学科领域的有益探索，又有教学管理方面的经验提炼；既有声情并茂的童年感悟；又有惟妙惟肖的机智幽默；既有古代哲人的至理名言，又有现代大师的谆谆教诲；既有自然科学各个领域的有趣知识；又有社会科学各个方面的启迪与感悟。笔触所及，涵盖了家庭教育、学校教育和社会教育的各个侧面以及教育教学工作的各个环节，全书立意深邃，观念新异，内容翔实，切合实际。

我们深信：广大中小学师生经过不平凡的奋斗历程，必将沐浴着时代的春风，吸吮着改革的甘露，认真地总结过去，正确地审视现在，科学地规划未来，以崭新的姿态向和谐校园文化建设的更高目标迈进。

让和谐校园文化之花灿然怒放！

本书编委会

目 录

第一章　俄罗斯教育概况

第一节　俄罗斯教育发展简况

一、十月革命前教育水平落后

教育发展简况　十月革命前，俄罗斯的国民教育水平相当落后。当时小学生共 800 万人，中学生 50 万人，占适龄青年的 2%～3%；全国共有 8 所综合性大学（莫斯科大学、彼得堡大学、喀山大学、哈尔科夫大学等），共有学生 12 万人，富家子弟占学生总数的 95.5% 以上。沙皇政府教育部明令禁止招收车夫、仆人、厨师等人入学。1914 年第一次世界大战期间，沙皇俄国成年居民中文盲率高达 79%，而在一些边疆地区文盲率更高，如西伯利亚地区高达 84%～88%，中亚地区达 94%～95%，各东方民族地区高达 98%，妇女中识字率仅为 7%。大大落后于当时世界的平均水平。

二、十月革命后政府重视教育，扫除文盲，普及初等教育

十月革命后，教育开始受到重视。1919 年，俄共（布）第八次代表大会通过的党纲中，规定了共产党和苏维埃政权对国民教育的政策和原则，提出要建立新的、社会主义的国民教育制度，要把学校由资产阶级的统治工具变为对社会进行共产主义改造的工具。俄罗斯联邦人员委员会于 1918—1919 年颁布了有关法令：①规定学校拥有教育权，废除私立学校，禁止私人办学；②实行免费教育，男女同校；③实行国家与教会分离，学校与教会分离，在学校里取消宗教课程和宗教仪

式；④废除对儿童的体罚；⑤各民族有权使用本民族语言教学等。

苏维埃政府还针对文盲过多的状况，于1919年12月颁布了列宁签署的关于扫除文盲的法令，规定8岁～50岁的没有文化的居民都必须学习本族语言或俄文。1920年，在全国各地建立了扫盲特别委员会，加强对扫盲工作的领导。由于领导得力，扫盲工作成就显著。

三、1922年苏联成立后教育的发展

1922年苏联成立后，政府对教育投入了大量的人力、物力和财力，使教育事业有了长足的发展。30年代初，完成了扫盲任务，约有6 000万成年居民脱盲。1934年完成了对8岁～10岁儿童实行的4年制的普及义务教育。30年代末，俄罗斯就基本上消灭了文盲，并普及了初等教育，1939年在9岁～49岁的人中识字的人数占87.4%。

1956年完成了7年制普及义务教育，1959年完成了8年制普及义务教育，到1976年基本上完成了向普及中等教育（10年制）的过渡。在新宪法中对苏联公民享有受教育的权利作了明确规定，即这一权利的保证是：①实行各种免费教育，普及义务中等教育，在教学同生活和生产相结合的基础上广泛发展职业技术教育，中等专业教育和高等教育；②发展函授教育和夜校；对学生提供国家助学金（Стилендия）和优待；免费发给中小学教科书；③学校可用本族语言教学；④为自修创造条件等。

经过近70年的努力，苏联经过多年教育理论的研究和教育实践的探索，逐渐形成了一套进行素质教育、培养各级各类专门人才的比较发达和完整的教育体系。据1989年—1990年统计：全苏联有普通学校14万所（其中俄罗斯联邦7万所），在校学生4 461万人（其中俄罗斯联邦2 042万人）；职业技术学校7 800所，在校学生389万人，中等专业技术学校4 517所（俄罗斯联邦为2 595），在校学生427万（俄罗斯联邦为233.8万人）；高等学校904所（俄罗斯联邦为512所），在校人数517万人（俄罗斯联邦为286万人）。苏联每万名居民中有大学生194人，仅次于美国居世界第二位。全苏具有高等和中等文化程度的人数已达到14 300万，占总人口数的54%。在国民经济各部门工作的人

员中有 83.3％受到过高等和中等教育；1952 年基本普及了 7 年制义务教育；70 年代初，普及了 8 年制义务教育；而从 80 年代开始努力普及 11 年制义务教育。由于国民素质的提高，苏联的教育水平跃居世界第一。

四、1991 年苏联解体后，俄罗斯教育的显著发展

由于教育的飞速发展，俄罗斯的国民素质也相应地得到大大地提高，成为俄罗斯日后东山再起的一个巨大的潜在的推动力。现在的俄罗斯，在 9～49 岁居民中识字率已达 99.92％，国民经济中的从业人员受过高等和中等教育的人达 87％，其中受过高等教育者为 11.8％，而英国目前尚有一百多万文盲，占其总人口的 2.3％，美国目前也尚有 10％左右(2 100 万)成年人基本没有阅读和写作能力。

当代俄罗斯民众受教育程度相当高：22 岁以上每千人中有 133 人受过高等教育。国内约有 7 万所国立全日制普通中小学、1 000 多所民办中学、700 多所民办专门化高中，还有约 1 500 所高等学校。

俄罗斯预算内高校学生数量居世界第一位：约有 300 万人在大学和各种学院里免费学习，这比整个西欧所有国家同类数字加在一起还要多。

近年来，除传统的国家教育体系外，私立教育体系也得到长足发展。非国立教学机构常常讲授一些补充课程，诸如雄辩学、芭蕾舞、美学等。但这些学校具有一定的赢利目的，因此并非人人上得起。每年的学费从 1 800 美元到 5 000 美元，甚至更高。

20 世纪 90 年代中期，富裕人家时兴把子女送到西方的中学和高校去上学，但现在这一时尚有些降温。人们似乎明白了：俄罗斯的教育水平比欧洲的更好。俄罗斯中小学教育的特点是要求严格、必修课程多。

据调查，独联体和波罗的海沿岸各国操俄语的居民中 60％希望他们的子女继续在俄罗斯高校学习。德国、希腊、以色列、美国也有不少人愿意来俄罗斯获取文凭。根据俄联邦教育部的资料，每年约有 6 万名外国大学生在俄罗斯学习。俄罗斯文凭在欧洲和全世界越来越有竞

争力。

一个国家领导机制对教育的关注和重视在很大程度上影响到本国教育的发展水平。在世界风云变幻莫测、政治争斗跌宕起伏、制度更迭艰难推进、经济转轨历经磨难的进程中，俄罗斯自 1991 年独立至今已走过了 21 个年头，其间经历了三位总统、六届政府。

第二节　普京谈俄罗斯的教育问题

一、支持教育改革

2001 年，在任职期间，普京曾就俄罗斯教育改革问题发表意见，充分肯定了以往教育领域取得的成绩，更看重未来的发展契机与前景。他说："我认为在我们过去的生活，也就是前苏联时期的生活里，有很多好的东西值得我们回忆。教育就是其中之一，教育、医疗和科学，这些方面都是前苏联时代引以为荣的工作，实际情况也的确如此。"

并且今天，在实行计划经济的国家里，你会发现这些领域内的工作都是作得非常成功的。我们能够理解这是为什么，这样的国家能够集中大量资源来发展那些它们认为重要的领域。出于重视教育的考虑，我认为，我们将试图，至少我打算试图保留以前教育机制中好的方面。

当然，生活在不断发展，新的需求也会不断出现，教育也应该适应时代的需要，适应最新的需求。它应该着眼于未来……

二、普京说俄教育应符合现代劳动市场现实

普京认为俄罗斯教育应该符合现代劳动市场现实。

他在克里姆林宫发表致联邦会议年度国情咨文时说："必须保证我们教育的竞争能力，否则我们将遇到教育质量与现代要求相脱离的问题。"

他表示支持实施创新的发展计划的高等学校。他说，还必须完善

职业教育计划，关于计划的内容要与商业界人士协商。

他说："必须建立客观、适当的教育质量监督体系。"他认为，监督工具之一应该是建立独立的高等学校排行榜。

三、谈教育发展现状及趋势

2002 年 12 月 6 日，普京出席了俄罗斯大学校长联合会第七次大会并发表重要讲话，并指出了俄罗斯教育发展的现状及面临的问题。

1. 教育的重要地位

普京首先指出，教育问题是全国全社会普遍关注的问题。成功地解决教育问题不仅事关俄罗斯的现在，更决定其未来。

2. 充分肯定俄罗斯教育发展取得的成绩

他认为俄罗斯教育水平较高，这是其成为世界重要国家的重要因素之一，而目前这样的因素俄罗斯已经为数不多了。高水平的教育是民族的财富，其形成并不是一蹴而就的，从莫斯科大学建立之初，教育发展政策就已经是国家的重要国策，是由国家的最高领导层有针对性地研究决定的。最初是学习欧洲的经验，聘请了大量外国教师。经过较长一段时间以后，俄罗斯教育形成了自己的体系和模式，逐渐成熟并经受了时间的考验，其质量是很高的。关于这一点国内外都是毫无争议的，尽管当前俄罗斯的教育面临着必须实现现代化的任务。

四、目前俄罗斯教育的任务

1. 促进国家转轨，提供必要知识和人才

普京说，俄罗斯处在复杂的变革时期，尽管在民主建设、建立文明的市场等方面都取得了许多成绩，但是还有很多工作要做。教育系统的任务就在于帮助国家迅速、高效地完成这个转折。俄罗斯公民所获得的知识应该不仅仅能适应今天的需要，而且也能在未来发挥作用。这里面包括实用学科，也包括社会科学、国际和国内生活领域的基础性知识。

2. 关心国家政治、经济生活，积极参与技术创新和国际竞争

普京指出，从历史上看，俄罗斯的大学不仅仅是获得知识的中心，而且一直都影响着国家的政治、经济和文化生活。在不同历史时期，大学里面都对政治问题或者说对国家在世界发展进程中的地位问题进行过广泛的讨论。时至今日，俄罗斯大学的师生们对这些话题的兴趣也丝毫未减。当前比较普遍的议题是俄罗斯的地缘政治利益和俄罗斯丰富的自然资源在争夺国际市场方面的意义。要想在国际市场上争得一席之地，必须要发展高新技术，特别是在对俄罗斯非常重要的交通和能源领域。

五、教育发展中存在的一些问题

1. 教育和科研以及教育内部层次的脱节

普京认为，俄罗斯目前所拥有的科学和教育的巨大潜能发挥得不够，尚未能利用这些优势参与国际信息和通讯领域以及国际经济市场上的竞争，并为俄罗斯争得应有的位置。而正是教育和科学的脱节才在很大程度上影响了这些工作，比如我们把科学研究按照科学院、大学、公司和行业等来严格区分。为了俄罗斯的利益，要促进各层次和各种组织形式的教育科研的一体化，使其融合成为统一的知识市场，目前在这方面做的工作还很少，而且也不够系统化。比如国家统一考试，其实质是要使普通教育和高等教育相衔接，但也并不能解决所有问题。如果不采取一系列相互关联、综合性的措施，就不可能在解决这些问题方面取得应有的效果。在现代条件下，教育应该注重系统知识的获得，其中包括正确理解我国在历史上和现代世界中的定位以及应该选择的文明价值观。

2. 人才培养不能满足社会的实际需要

普京说，目前在俄罗斯，尽管大学生数量可观，但是国立机构、公司企业和一些组织仍然感到专业人才奇缺，私营公司不得不从国外引进专业人才。这表明，对这些人才国内是有需求、有市场的。不仅要帮助国家的公司企业培养现代管理型人才，而且要培养工程师、技

术员和最高水平的工人，这是符合全社会利益的。此外，还要继续为国家机关培养干部，我们在国家和公共服务领域里急缺能够按照国际标准进行工作的高素质人才。

3. 还存在保守的思想观念

社会上经常对俄罗斯教育体系的保守进行批评。对国家有益的不是要死抱住那些过时的模式，就是要保留俄罗斯经典教育体系中的优良传统和标准，从这个意义上说，我们有值得骄傲的地方。但是在现代条件下，当今世界变化的速度越来越快，我们绝对不允许有教条主义和抱残守缺的思想。

六、对俄教育发展提出三点要求

1. 要开展全方位的国际合作

普京说，我们完全可以认为自己是欧洲人，并且永远记住，俄罗斯的文化和传统是以欧洲文明为基础而形成的。因此，我们的政策首先是要发展与欧洲国家的协作，构建统一的欧洲经济空间。但同时我们也处在亚洲，我们的民族利益要求我们与中亚国家、中国、印度和日本建立正常友好的关系。不能否认，世界上发展最为迅猛的部分正是亚太地区国家。

2. 要构建终生学习的教育体系

普京说，现在我们已做不到给孩子一次性的教育就能让他享用一辈子。甚至终生学习他都会感觉知识欠缺，需要学习再学习。众所周知，一些先进的大学正是这样做的。如果能这样，那么我们的大中小学就不仅仅能够一般地适应国际、国内的各种变化，而且能够为了国家的利益而主动去促成这些变化。只有这样，才能够保证教育作为俄罗斯经济中智力含量最高的领域来超前发展。

3. 要实现军事教育现代化

普京认为，实现俄罗斯军事教育体系（军队院校）的现代化是非常重要的。当今世界面临着新的威胁，实现军事教育现代化这一任务不仅仅摆在俄罗斯的面前。在这方面俄罗斯已经积累了许多有益的经验，丢掉这些有益的经验是错误的。

第三节　梅德韦杰夫反思教育

一、教育产业的问题

一个国家接受高等教育人口比例的高低，往往被视为衡量该国国民素质的重要指标。苏联时期，为了体现社会主义制度的优越性，苏联教育体系曾经历过一个粗放式发展阶段。而苏联解体后，由于教育牟利等多种因素，俄罗斯的高等教育进一步产业化，接受高等教育的人口数量也更加膨胀。不过，头顶世界上国民受教育程度最高的国家之一、每千人（15 岁以上）中 156 人接受过高等教育这些光环的俄罗斯，正在反思本国的教育发展方向。

2010 年 8 月 31 日召开的俄联邦国务委员会会议上，俄总统梅德韦杰夫用亲身经历告诫与会者："我曾访问过一所设备非常先进的职业技术学校，在那里我看见一个大约二十八九岁的人，正在跟比他小很多的学生一起听课。我问他你在这里做什么。他回答说'我正在学习，虽然我已经拥有了高等教育文凭，但是我发现自己并不需要它，我需要一个职业教育的文凭，因为这样我才能找到工作，养家糊口'。"

"我们对高等教育没有一个正确的认识，特别是在 20 世纪 90 年代之后，我们过于迷恋高等教育的普及，而忽视了职业技术教育。"梅德韦杰夫强调说，"实际上我们并不需要那么多接受过高等教育的人，这是一种浪费，我们需要的是具有专业素质的劳动者。主管部门应该调研，我们需要多少、拥有怎样技能的人才"。

"恢复苏联时期的大学生毕业分配体系，是否能够解决目前大学生就业的困难呢？"在国务委员会会议上，别尔哥罗德州州长提出了这样的问题。"如果每一个大学生都知道，大学毕业以后他将被安排到某个地方就业的话，那当然不错。但是我们没有这样的能力。我们没有法律依据，也不能强迫任何人在某个企业工作。"梅德韦杰夫说。

与一些国家情况类似，对于很多俄罗斯大学生来说，毕业也就同时意味着失业。有评论认为，这就是教育产业追求利益、盲目扩大化的恶果。

二、将实施现代化教育新标准

2008年底，俄罗斯总统梅德韦杰夫发表了上任后的首次国情咨文。在国情咨文中，梅德韦杰夫高度评价教育的作用，要求尽快实施新的国家教育标准，改善办学条件，提高教师待遇，鼓励更多优秀人才从事教育，为俄罗斯的长远发展培养人才。

1. 将建立俄罗斯人才资料库

梅德韦杰夫在国情咨文中指出："无论基于宪法制定的法律和策略多么理想，其实现都要依靠具体的人。人的智力、创造力是国家最宝贵的财富和进步的主要资源。""我们必须在国内外大规模、系统地寻求人才，进行真正的'追逐大脑'行动。"

梅德韦杰夫说，未来的创新型经济需要新的培养骨干力量的体系，这种体系需要吸引更多天才的、有创造性的专业人员参与，各领域最出色的专家应纳入全俄资料库。

梅德韦杰夫直言不讳地说："我们过去在教育领域取得的成绩曾被世界认可。今天，我们已经从教育优势地位跌落，这已构成影响国家整体竞争力提高的最大威胁。"他同时指出，就教育本身而言，不仅承担着培养人的任务，同时在构筑民族生活方式、传承民族精神方面也起着决定性作用。

2. 高度关注中小学教育

俄罗斯国情咨文中指出，俄联邦政府很快将批准通过俄罗斯教育总体发展战略。梅德韦杰夫此次着重强调了其中的中小学教育发展战略。他说："中小学教育是每个人一生中历时最长的教育阶段，这一阶段的教育决定一个人的成功与否，也影响着整个国家的长期发展。"

在和教育界人士讨论中小学现代化教育的标准问题后，梅德韦杰夫从五个方面提出了总体指导思想。

第一，青少年应该在中小学教育阶段激发和展示个人的潜能，为进入并适应高科技和高竞争社会作准备。教学内容的更新应该适应这一任务的要求。应在最短时间内制订出一个全新的教育标准。

第二，在实施普通教育标准的同时，应该构建多方位挖掘和培养天才青少年的体系，长期跟踪培养，直至其成才。

第三，在学校教育中，教师起着核心作用。必须制订精神和物质奖励机制，使优秀教育工作者留在学校任教，并不断提高自己的职业水平。同时，向中小学补充新一代师资力量，这些教师不一定来自师范院校。

梅德韦杰夫对将2010年定为"俄罗斯教师年"的建议表示赞成，他说："我们将尽一切努力，使教师在社会上获得尊重。教师自身则应该认真地关心并尊重学生，帮助他们成为独立的、具有创造力的、充满自信的人。"

第四，中小学校教育无论形式还是内容都应有较大的转变。学校里的学习应该是愉快、有趣、令人向往的，学校不仅仅是每个人必须要去接受教育的地方，而且应该成为每个人自发学习、自发从事创造性活动和开展体育活动的中心。

梅德韦杰夫表示，俄罗斯的中小学没有理由"破旧不堪"。俄罗斯不仅需要新的教育标准，还需要新的学校建筑设计标准、卫生医疗保障设施配备标准、食堂和体育设施配备标准。儿童在学校里应该从心理和生理两方面都感到舒适。

第五，人的身体素质形成于中小学阶段并影响其一生。因此，关注他们的身体健康也应该是学校教师的责任。对每个学生都应该采取适合他本人的教育方式，在教育过程中最大程度地减少对健康造成伤害的危险。

三、高校教育问题

目前，俄罗斯一方面各大学教育质量下降；另一方面持大学文凭的人数激增，已成为俄面临的尖锐问题。

2012 年初俄总统梅德韦杰夫多次指出，俄高等教育的方向出现了很大的偏差，导致初级和高级职业教育毕业生和专业人才的严重不足，他号召各地政府立即兴办技术职业学校。

第二章 俄罗斯教育体系

俄罗斯联邦教育体系 俄罗斯的教育体系是由不同的教育环节组成的一个有机整体。不同类型、不同级别的学校构成不同的教育环节，形成不同的阶段。俄罗斯新的教育体系有：

①学前教育（дошколбное образование）

②普通教育（общее образование）

a. 初级普通教育（началбное образование）

b. 基础普通教育（основное образование）

c. 完全普通教育（среднее полное образование）

③高等职业教育（высшее профессионалбное образование）

a. 不完全职业教育（началбное профессионалбное образование）

b. 基础职业教育（среднее профессионалбное образование）

c. 完全高等职业教育（высшее профессионалōное образование）

d. 后高等职业教育（послевузовское профессионалбное образование）

e. 补充教育（дополнителбное образование）

1996 年，俄罗斯政府颁布《俄罗斯联邦高等和后高等职业教育法》，将本国的高等教育体系统称为高等职业教育，并将其从结构上划分为高等职业教育和大学后职业教育，其中高等职业教育按教育对象的不同分为不完全高等职业教育、基础职业教育和完全高等职业教育，而后高等职业教育则为副博士和博士教育。但至今为止，在很大一部分高校中仍然实行旧的体制，或采用新旧并用的方式。

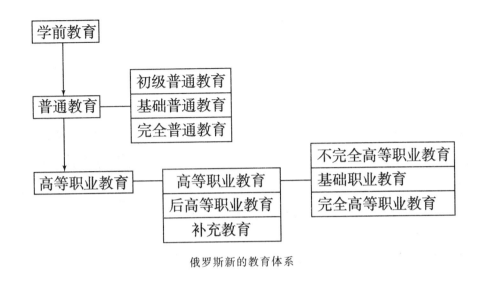

俄罗斯新的教育体系

第一节　学前教育

学前教育教给儿童一些基本常识，但仍与初级阶段的学校教育不同。苏联非常重视学前教育，认为它是教育体系的重要组成部分，是教育体系的最初阶段，是国民教育的第一步。为了搞好学前教育，教育科学院于 1960 年成立了学前教育研究所。1976 年颁布了第十次修订的《幼儿园教育大纲》，加强了幼儿园和小学间的转接，保证了教育的连贯性。

学前教育涉及有托儿所（ясли）、幼儿园（детский сад）和保育院。托儿所招收 2 个月至 3 岁的儿童；幼儿园招收 3 至 7 岁的儿童。2 个月至 7 岁的孩子都可入托保育院。学前教育机构由国家、市、区、镇以及国家机关、企事业单位或社会团体等开办。

大多数幼儿园由国家、市政府或各行业部门资助。最近，出现了许多私立或半私立性质的幼儿园。不过，这些幼儿园的数量还不到全国总数 8%。即使在市立幼儿园，也存在着由父母负担 10% 到 15% 费用。托儿体系相当灵活，父母可以选择自己满意的方式让孩子入托，如全工作日、半工作日和半工作周形式。

根据俄罗斯教育与科学部 2006 年底的统计数据，学前教育体系共有 46 200 家机构，容纳了全国 57% 的 1 至 6 岁儿童。从 20 世纪 90 年代初起，学前教育机构呈现出数量减少的趋势。1996—2000 年，学前教育机构的数量每年减少 3 000～4 000 所。只是在 2001 年，学前教育机构数量的减速有所放慢，共关闭了 1 300 所。近年来，学前教育机构中的儿童数量逐渐增加，但还没有达到 1985 年的水平。那时，学前教育机构中的儿童数量占相应年龄段全国儿童总数的 68.3%。俄罗斯学前教育机构所在的大部分建筑的状况不能令人满意。

俄罗斯政府在学前教育领域正努力做着：提高学前儿童入学率；出版适合学前教育机构教师和儿童家长使用的儿童教育书籍；保证了幼儿师范和中等师范学校的入学率，以培养教师；采取法律措施，增加预算、减免税收等措施，让有关行业部门继续维持学前教育机构，制止其关闭教育机构的行为；争取出台联邦法和教育部法规，对危害幼儿健康成长的游戏软件和玩具明令禁止。

为保障公民接受学前教育的权利，俄罗斯教育部和各联邦主体的教育管理部门采取建造新的学前教育机构、完善资助机制等措施保持和发展学前教育体系。国家为早期儿童培养提供财力和物力支持，保证全国各阶层人口都能够享受到学前教育机构提供的服务。2000 年 10 月 4 日，俄联邦政府批准了《俄罗斯联邦至 2025 年国家教育学说》。学前教育领域的预期目标是：普及免费学前教育。2005 年 9 月 3 日俄罗斯政府制定的《2006 至 2010 年联邦教育发展专项纲要构想》提出的任务是：增加按照发达国家的做法接收学前教育的学龄前儿童（5～6 岁）的数量。目前，俄罗斯正在讨论将学龄前教育确定为普通教育中的一个单独等级。

第二节　普通教育

　　普通教育是苏联教育体制中重要的中间环节，它由教育部普教局领导。普通教育分为三个阶段：初级普通教育（начальное образование）3～4年，普通基础教育亦称不完全中等教育（неполное среднее образование）5年和普通完全教育亦称完全中等教育（полное среднее образование）2～3年。自1986年起已将10年制改成11年制普通教育。读完8年级的学生可获得教育证书，升入普通学校9年级，也可升入中等专业学校或职业技术学校学习。根据新版《教育法》，俄联邦现在实行的是强制性的11年制义务教育，这就意味着普通教育是免费教育，而且学校免费为学生提供教科书和课间餐等。

　　各类普通教育学校的主要任务是：为学生个体的智力、道德、情感和身体的发展创造良好的条件，培养科学的世界观，使学生掌握自然、社会、人和劳动的系统知识以及从事独立活动的能力。

　　就类型而言，俄联邦的普通教育学校和苏联时期基本相同，大致可分为以下7种：a）全日制普通教育学校（дневная общеобразовательная школа）；b）侧重某些学科的中等教育学校；c）一般重点中学（гимназия）（多数从4～5年级开始）；d）高级重点中学（лицей）（一般从8年级开始，偏重文科或理科）；e）夜校（вечерняя школа）；f）（为有心理或生理发展方面缺陷的儿童开设的）特殊教育学校（школа для детей с недостатками умственного или физического развития）；g）（为具有特殊爱好和专长的学生开设的）补习学校。

第三节　高等职业教育

　　俄罗斯政府为支持高等教育的改革和发展，几年来制定、颁布、批准、实施了一系列教育的法律条例和优惠政策，确定了高等教育、高等院校的法律地位和建立了国家高等教育标准，以稳定教师队伍，提高教育质量，确保俄罗斯的高等教育在世界上的领先地位，并以法律形式规定，国家每年从年度财政预算中，按联邦预算的比例对高等教育进行财政拨款，保证国家对高等教育的财政投入，促进高等教育的发展。俄罗斯政府 1992 年颁布的《教育法》规定，国家保证俄罗斯公民通过高考竞争后在国立高等院校中免费接受高等教育。1996 年颁布的俄罗斯联邦《高等和大学后专业教育法》重申了《教育法》中的此项规定，同时提出，高等院校在完成国家招生计划后，可以招收自费生。

俄罗斯将初级职业教育和中级专业教育置于高等专业教育之中，是因为这两种教育毕业后，学生同样可以进入大学深造。

不完全高等职业教育

学习年限可根据学生的实际水平而定，普通教育 9 年级毕业的学生一般要学习 2～3 年，11 年级毕业的学生要学习 1～2 年，有些学校则与技术学校合并，这样需要 3～4 年。

初级职业教育主要培养服务（услуга）、运输（транспорт）、饮食和商业（питание и торговля）等部门的工作人员、中级专家和管理人员。国家规定培养的人才，必须有深刻而牢固的科学基础知识、现代经济思维、必要的专业理论和技能，有参加研制并运用新技术和新工艺、管理基层生产部门和进行社会政治工作及教育工作的能力。

基础高等职业教育

是在完全普通教育的基础上进行的专业普通科学、职业及专业教育阶段。学习期限按专业的复杂程度不同而定，一般为 2～3 年。其培养目标是高级熟练工人和技术员，除了中级专业技术课程外，还开设较深的理论课和实践课，以提高未来专门人才的知识和技能水平，理论课时每周达到 36 小时，最多课时每周达 54 小时。在最后阶段还要教授几门大学 1～2 年级的基础理论课程。

高等职业教育的主要任务是培养有高深专业理论知识和实际技能的专门人才。高等教育的发展状况往往代表一个国家的国民教育水平。据最近的统计，俄罗斯的高等教育普及率为 34％，超过了苏联时期最高的 20％比例。从 1990～2002 年共培养出具有高等教育的 710 万专家和具有中级专业教育的 830 万专家。2002 年大学生人数比 1990 年增加 2.1 倍，达到 595 万人。教师人数也有大幅度增加，达到 33.96 万，师生比达到 1：18。政府对教育的拨款逐年增加，2000 年达到总收入的 5.9％，2004 年达到近 10％。俄罗斯学校的所有制形式也非单一的国有制，目前已经呈现出多结构多层次的办学结构，私立大学、社会所有、合作办学以及教会办学现象并存。近十多年来，高等学校数量达到 1 327 所，其中 718 所为非国有学校。自费上学的人数也在逐年递增，1999 年为总学生数的 46％，2000 年达到 51％，2004 年达到 53％。

近年来，俄罗斯高等教育改革的一个重要方面是高等教育学制结构和学位制度的改革，实现与世界上多数国家实行的高教体制一体化，变传统的单一高等教育教学制结构为现行的"多级高等教育学制结构"，与国际通行做法接轨，以便参与国际教育劳务市场上的竞争，并满足国内推行私有化和实行市场经济后对各种不同类型人才的需求。俄罗斯现行多级高等教育学制结构是根据俄罗斯国家高等专业教育标准确定的，具体分为三级：

第一级，不完全高等教育。这是高等教育的初级阶段，由高等院校按照基础专业教育大纲实施，学制两年。完成这一阶段学习任务的学生可以继续接受第二级高等教育，也可以根据个人意愿领取《不完全高等教育毕业证》后就业；这一阶段同我国的大专相似。

第二级，学士学位教育。这一级是在第一级后实施的基础高等教育，旨在根据学生选定的高等教育专业方向培养具有"学士学位"的专家，学制 4（2＋2）年。学校给按规定修完全部课程，通过全部考试考查，经考核合格的学生颁发《高等教育毕业证》，同时授予相应专业的"学士学位"。获"学士学位"的学生可以继续接受第三级高等教育。第二级学士学位教育仅限于人文、社会经济、理科等专业。

第三级，硕士学位教育和专家资格教育。这一级高等教育由高等院校按照两种类型的基础专业教育大纲实施。一种是培养具有"硕士学位"的专家；另一种是培养具有"工程师""教师""农艺师""经济师"等资格的专家。硕士学位教育是在学士学位教育的基础上再接受二年专业培养（包括科研或教学实习）（即 4＋2）。学校给按规定修完全部硕士学位课程、通过考试、答辩、经考核合格的学生颁发《高等教育毕业证》，同时授予相应专业的"硕士学位"。根据俄罗斯国家高等专业教育标准，专家资格教育保留原来的 5 年学制。学校给按规定修完专家资格教育全部课程、通过考试和答辩、经考核合格的学生颁发《高等教育毕业证》，同时授予"工程师"等专家资格。

俄罗斯为推进高等教育体制改革，顺应国际潮流，加强国际交流与合作，制定了培养各级专业人才的原则，确定了三级高等教育学制结构。但该原则不作硬性规定，允许高等院校自主决定，在新旧两种高等教育学制结构间作出选择，新旧两种高等教育学制结构同时并行。据统计，已有 60％以上的俄罗斯部属高等院校已经按新的多级高等教育学制结构运作。

后高等职业教育阶段是与高等职业教育第三级相连的教育体系，具体为副博士研究生和博士研究生教育，学制均为 3 年，完成其所有培养环节，成绩合格、答辩通过者可被授予"副博士学位"和"博士学位"。

俄罗斯的副博士培养制度相对比较稳定，与苏联时期相比没有太大变化。现在凡是已获得硕士学位及相当学历者，均可直接报考副博士研究生。设在高等学校、科研机构以及部分教学、科研、生产联合体的研究生部，有权招收并培养副博士研究生并实施同等学历教育。研究生分为面授和函授两种形式，前者学习期限为 3 年（外国学生 4 年），后者一般为 4 年。副博士培养计划主要包括两个方面：一部分是学习有关课程（外语、哲学，基础课和专业课），并通过这些课程的考试；另一部分是在导师指导下，从事科研工作，撰写学位论文及参与教学实践。这两部分从研究生的时间安排和精力分配来看，后者是主要的。申请副博士学位的论文应是申请人独立或在导师指导下完成的完整科研著作，其中要包含对相应学科领域具有重要意义的课题有新突破，还应能显示出申请者具有独立从事科研工作能力和在该学科领域内具有高深的理论知识。通过副博士论文答辩者被授予副博士学位，在学位名称前要注明所属学科，如生物科学副博士、技术科学副博士等，外国学生根据国际学位对等原则，通过答辩后可直接获得相应的英文博士学位证书。

俄罗斯博士研究生培养制度为主要招收俄罗斯联邦公民中在相应科学领域具有科学成就的副博士，报考博士研究生应递交申请书，副博士学位证书复印件（在国外受教育者，除提交相应的学位证书外，还应有一门相关专业课、哲学课、外语课等共三门副博士学位课程考试的及格证明），拟撰写的博士学位论文的详细计划，已发表的学术论文、公开发明及所取得的科研成果清单。博士研究生的培养模式一律为面授。这表明，俄罗斯的博士学位已由前苏联的只交论文和成果，不修课程的模式，演变成为一种便于与国际接轨的教育模式。

还应该指出的是，俄罗斯的副博士研究生和博士研究生均属高级学位，其培养目标是为国家和地区培养高水平的科研和科学教育人才。因此，在俄罗斯研究生培养计划中，基于科学研究进行能力培养所占的比重较大，主要侧重应用基础研究，且对最终学位论文也有相当严格的质量要求，强调其要对科学课题提供新的解决方案。虽然俄罗斯的研究生教育制度与英美等国有所不同，但从俄罗斯研究生招生对象的学历、实际学习年限、培养方式、外语要求、教学、科研要求、学位授予程序、论文质量要求等指标来看，俄罗斯科学副博士学位的学术水平与美国的博士学位大体相当。对此结论，世界各国的高等教育家和科学家几乎有一致认识。

我国也早在1985年就正式颁发了《关于处理苏联、东欧国家副博士学位与欧美国家博士学位相互关系的通知》，其中正式申明我国对留学苏联、东欧国家已获得副博士学位的人员应认为是与留学欧美国家获得博士学位的人员在学术上大体相当。在国际学术交流活动中均可以正式博士身份参加合作与学术交流，享受同等待遇。

目前，俄罗斯研究生教育越来越重视人才的综合素质与能力培养。研究生不仅要学习专业课，还要学习国民经济等其他领域的一些相关课程。研究生培养更多地被看成是继续教育，而很少被看成是科学家在科学活动过程中提高自己专业水平的方式。

俄罗斯的研究生招生方式较之以前也发生了变化。前苏联时期，大学本科毕业生必须工作 2 年以上，才准许报考研究生。现在大学毕业生可直接读脱产研究生，这类研究生人数比例由 1991 年的 31.9％增加到 2000 年的 68.7％，其中大学中的研究生数由 34.1％增长到 70％。另外，俄罗斯自费研究生数量也在逐年增加。2004 年在读研究生的 13.5 万人中就有 5 万人为自费研究生。

俄罗斯研究生培养体系的另一变化是研究生年轻化。2000 年俄罗斯年龄在 26 岁以下的研究生占所有研究生人数的 70.8％（1994 年为 49.6％），而大龄研究生的数量则明显减少。2004 年俄罗斯在读研究生的平均年龄为 24 岁。研究生中的"少年"研究生大多为国立大学的应届毕业生，他们当中 81.9％的年龄在 26 岁以下。年纪较大的研究生，大多曾有在科研院所工作过的经历，或是函授学校及夜大学的学生。目前，在俄罗斯培养研究生的机构约有 900 所，高等学校 300 多所，研究生总人数约 7 万人。

补充教育

补充教育是为各种管理干部、大中小学教师、技术人员提供的以培训、进修为主要方式的继续教育。

第三章　俄罗斯高等教育

第一节　俄罗斯高等教育的发展

俄罗斯的高等教育已有百余年的历史，具有良好的传统和极高的国际声誉，在世界上占有重要地位。苏联解体后，进入转型期的俄罗斯，社会各个领域发生了根本的变化，这不可避免地对俄罗斯高等教育改革与发展产生一定影响。在市场经济模式下，高校从办学的观念、教育结构体系、教学管理等方面都发生了深刻变革。

俄罗斯的教育水平是非常高的，在世界上名列前茅，苏联是超级大国，是世界公认的。改革后的俄罗斯也是科技大国、军事大国。这都需要一个教育的基础支撑。在医学领域，谢东诺夫医学院（莫斯科国立第一医学院）在世界排名仅次于巴黎医学院，名列第二；音乐方面，柴可夫斯基音乐学院，世界上的音乐家只有在柴可夫斯基音乐大赛中得奖，才被承认为顶级音乐家，如我国的马思聪、殷承宗等；美术方面，有苏里柯夫美术学院、列宾美术学院；在芭蕾舞方面，圣彼得堡芭蕾舞学院在世界舞蹈界独领风骚；体育方面，奥运会上俄罗斯获金牌的运动员大部分毕业于俄罗斯国立体育大学。俄罗斯的许多大学和许多国家的教育学术机构有联系，如莫斯科国立建筑学院的毕业生同时可获得英国皇家建筑师协会的证书，莫斯科国立汽车、公路技术大学是联合国技术教育示范大学。以上事实足以证明俄罗斯的教育在世界上的地位。

俄罗斯的高等院校按专业大致可分为八类：

（1）综合性大学。综合性大学有较好的物质基础，有较强的师资力量，经费也比较充足。

（2）高等技术院校。俄罗斯数量最多的一类院校，它包括多科性的工学院和单科性的专业学院。许多工学院的学生人数超过万人，如圣彼得堡加里宁工学院、莫斯科鲍曼技术大学等。技术院校共开设专业200多种。

（3）高等农业院校。培养高级技师和专家。专业有农学、兽医、农业机械、农业经济等30多种。

（4）师范院校。多科性的师范学院的主要系科有历史哲学系、数学物理系、自然地理系和外国语系等。在大型的师范学院，除上述系外，还有工艺美术系、音乐教育系和体育系。比较著名的师范院校有圣彼得堡赫尔岑师范学院、莫斯科外国语学院等。还有一类工程师范学校，专门培养中专、中技教师。

（5）医学院校。有多科性的医学院和专门性的医学院，学制一般为7年。

（6）文科专业院校（经济和法律学院）。多科性的经济院校设有很多经济专业，如管理学院、国民经济学院等。专门的经济学院只设有关的几个专业，如财政经济、工程经济、商业经济等。

（7）文化和艺术院校。

（8）体育院校。设体育师范学和体育运动学。

一、现代大学类型界定及发展

根据2001年4月5日俄罗斯联邦政府批准通过的《俄罗斯联邦高等职业教育机构（高校）类型条例》，俄罗斯高校分为大学（Университет）、科学院的专业大学（Академия）和学院（Институт）三种类型。之后不久，俄罗斯教育科学部向政府提交了《教育与创新经济的发展：2009—2012年现代教育模式实施方案》，对高等教育进行了分类和职能定位，创建新的联邦大学和国家研究型大学。此方案与2001年颁布的《高校类型条例》比较，对新型大学的概念有新的界定：联邦大学是达到世界水平、具有产学研一体化功能的大学，旨在解决地缘政治任务和满足大型跨区域投资项目的人才需求，是区域技术创新的领军者；国家研究型大学旨在保障国内经济稳定和竞争力的基础技术平台需求的人力资源；地方大学旨在实施多专业教育大纲，保证为俄罗斯联邦的社会经济发展提供专业人才；学院主要实施文凭教育。

1992 年以前俄罗斯绝大部分都是国立大学，只有极少数的俄罗斯高等教育机构为私立的。1992 年以后，俄罗斯开始实行国立与私立大专院校并举的教育体制，各类私立高校蓬勃发展。现在俄罗斯有三种类型的高等学校，即国立的、地方的和非国立的。据 1997 年统计资料表明，10 年中，俄罗斯高校数量增加了近三倍，达 1 327 所，其中私立学校的数量达到了 700 多所，而俄罗斯国立高等教育机构还是保持在 560 多所。大量涌现的私立学校是近年来的新生事物，这些非国立高校已经获得了从事高等教育和人才培养的资格。

二、现行高等学校的学制与学位制度

俄罗斯高等院校的学制较其他国家比较特殊。现在是新旧两种学制同时存在，是俄罗斯高等教育的过渡时期。不但不同的学校之间采用不同的学位制度，甚至在同一所学校的不同专业之间也颁发新旧两种不同学位制度。一种是苏联时期保存下来的旧体制，即专家证书—科学副博士—科学博士；一种是新式的体制，即学士—硕士—博士学位。2003 年 9 月，俄罗斯正式签署了《波洛尼亚宣言》，加入欧洲高等教育共同空间的建设。按照《波洛尼亚宣言》进程，俄罗斯改变了原有的高等教育体制，建立了与欧洲其他国家具有可比性的高等教育体制。

俄罗斯根据国家高等教育标准确定了三个等级：第一级为不完全高等教育。这是高等教育的初级阶段，由高等院校按照基础教育大纲实施，学制二年。完成这一阶段学习任务的学生可以继续接受第二级的高等教育，也可以根据个人意愿领取《不完全高等教育毕业证》后就业。大学里开设物理、数学竞赛班，成绩优异者可以直接进入大学继续学习。第二级为学士学位教育。这一级是由高等院校按照基础专业教育大纲在第一级不完全高等教育后实施的基础高等教育，旨在根据学生选定的高等教育专业方向培养具有学士学位的专家，学制 4（2＋2）年。学校向按照规定修完全部课程（包括实习），通过全部考试考查，经考试合格的学生颁发《高等教育毕业证》，同时授予相应专业的"学士学位"。第二级学士学位的高等教育仅限于人文、社会经济、理科等专业。第三级为硕士学位教育与专家资格教育。这一级高等教育由高等院校按照两种类型的基础专业教育大纲实施。

获得"硕士学位"和"专家资格"的高等院校毕业生可以报考研究生，攻读副博士学位。副博士学位教育学制为 3 年。副博士资格考试合格，撰写论文并通过答辩者可获得相应学科的"副博士学位"。

三、实行全国统一考试

2007 年 2 月，普京签署《联邦修正法》，把进行全国统一考试正式列入教育法中。从 2009 年起，全国统一考试被列入正式章程并在全俄罗斯所有区域内推行。原来的入学考试是各大学自行组织考试，自行录取学生。这样的考试制度有许多弊端，如各高校之间没有统一的命题、评分标准，无法对考生的成绩进行统一比较；考试基本为口试，个别考官给出"人情分"，为腐败提供了温床；考生必须亲自到各高校参加入学考试，一些经济困难的外地考生不得不放弃考试的机会，尤其是名牌大学的外地考生与本地考生的入学比例急剧下降。

实行统一考试之后，学生不需要离开所居住的城市，就可以参加全国统考，然后通过邮局将统考成绩寄往各大学。俄罗斯的高校招生考试制度改革是在立足于本国国情的前提下，多方面吸取他国的成功经验形成的。俄罗斯关注与之有相似之处的中国高等教育的发展，大胆尝试，采用一种全新的、完全不同于以往的考试制度，即实行国家统一考试的制度以外，增加通过奥林匹克学科竞赛成绩选拔学生，两种形式互补。国家统一考试制度更加有利于俄罗斯教育与国际接轨，它改变了俄罗斯原来中等教育证书不被西方国家承认的情况，解决了与国际社会进行教育接轨的麻烦。

四、现代化终身教育体系的构建

2009—2012 年，俄罗斯将建立 3 个体系：独立的外部职业技能认证体系、终身职业教育服务消费者援助体系、为终身职业教育提供优质服务的援助体系。25～55 岁就业人口中接受过专业技能培训或继续教育的比例将由原来的 12% 提高到 27%，使 30% 处于工作年龄的移民通过技能技术认证，在全国建立 60 余所专业技术认证中心。为构建新型的高等教育体系，俄罗斯对大学教育结构进行了适当的调整，如选拔优秀的中学毕业生进入大学学习，设立物理、数学、化学等基地班，培养尖子学生直接进入大学深造，保证学生的个性化发展；适当改变教学内容，更加重视知识在实践中的应用，以适应经济发展的要求。

五、大学科研对国家新经济的支撑

2010 年 3 月，俄罗斯总统梅德韦杰夫发表国情咨文，就国家新经济与科技创新等问题阐释了自己的施政方针，强调"俄罗斯必须开展现代化建设和整个生产领域的技术创新"。也就是说，俄罗斯必须先确定经济现代化和科技发展的道路。而大学科研能力对其支撑作用不容置疑，于是采取了一些措施来体现大学科研工作在新经济中的重中之重地位。如国家的一些重大科研项目采取竞争的方式公开招标，充分利用高等院校科研基础雄厚的特点，挖掘其潜力，把大学变成适应经济腾飞的技术孵化场地；政府牵头把大学的科研成果与企业沟通，及时把科研成果转化成劳动生产率，企业积极进入对大学科研成果的订货当中；稳步提高对大学研发的投入，2010 年占到 GDP 的 2%，到 2015 年要达到 2.5%；一些研究性大学教学与科研方向有所调整，倾向于国家新经济重点的科研领域等。为适应政治、经济形势的发展，俄罗斯各高校对所设专业也进行了一些调控，取消了一些不适应形势的学科，增加了有关财经、经营、法律、通信等方面的专业。

六、高校全面开放，多渠道获取办学资金

俄罗斯目前教育改革所面临的重大困难就是经费的不足。在这种情况下，加强自费生，特别是留学生的招收工作成为各高校发展的重要战略方向。因而提高办学效益、实现经费来源多元化已成为减轻政

府经济负担的重要举措。高校实行全面开放，以此来筹集资金，扩大高校财政经济来源。

俄罗斯高等教育全面对外开放始于20世纪90年代中期，如世界大学排名前15位的俄罗斯最著名的国立鲍曼技术大学，其前身是沙皇创办的皇家高等专科学院，主要从事苏联和俄罗斯的尖端武器的论证、设计、生产和研制，目前也加入了对外招收自费留学生的行列。俄罗斯最著名的综合大学——莫斯科大学，则荟萃了来自世界各国的留学生。大量来自中国、越南、缅甸、叙利亚、美国、德国、韩国、西班牙等国的留学生，每年给高校带来源源不断的外汇收入。

总的说来，俄罗斯作为世界上教育水平较高的国家，加上特殊的地理、文化、艺术和区位优势，决定了它有不同于美国、日本、西欧和澳洲的特点，使其吸引了大批外国留学生。另外，在俄罗斯留学的优势是学费与欧美比较相对低廉，好的专业每年学费3 000～4 000美元，一般专业每年2 000美元，而且入学考试比较容易。

俄罗斯政府2002年1月30日发布的《学位授予条例》中将"俄罗斯公民"改为"自然人"，将外国公民列入"自然人"的范畴，俄罗斯经鉴定后承认所有国家颁发的文凭，向所有国家的公民打开了留学的大门，以增加学费收入。外国公民，只要身体健康，年龄在16～35岁者，特别是独联体国家的学生，均可免试赴俄罗斯国立大学攻读学士、硕士和博士学位。

七、俄罗斯高等教育现代化构想

2008年3月，俄罗斯发布了由教育科学部教育政策和法规署牵头起草的《2020年前的俄罗斯教育——服务于知识经济的教育模式》报告。报告认为，俄罗斯目前的教育模式已不符合社会及经济的需求，出现了教育资源与发展规模不相适应、教育全球竞争力下降、高等学校缺乏创新、学生知识学习负担过重等问题。因此，提出了新教育模式应服务于知识经济和俄罗斯社会的创新性发展、培养学生创造性和终身学习能力的要求。新教育模式打破了传统教育的严格框架，学生能充分利用现代化的教学手段，开展个性化学习；教师集研究者、教育者、顾问、领导者等角色于一身，其地位得到进一步提升；国家将在教育领域扮演新的角色，从显性控制者转变为教育供需双方的调节者。

俄罗斯计划在 2020 年前，选拔 40～50 所联邦级研究性大学来承担提高俄罗斯科学和教育世界竞争力的任务，保证给予充分的资金投入；选拔 100～150 所地区和跨地区大学，落实多专业培养计划，以解决本国的人才培养问题；提高高校教师的待遇，除基本工资外，要提供资助和补助，使教师工资向国外同行及俄罗斯商业界看齐，推进促进学术交流计划、各大专院校的研究与商业合作的计划及创新教育计划；鼓励各种形式和特色的教育机构通过竞争手段获得预算内及预算外经费。所有这些教育管理体制的新举措都折射出俄罗斯一贯坚持教育优先发展的强烈意识与强力推进的决心。

第二节　俄罗斯非国立高等教育的发展

一、俄罗斯非国立（私立）教育产生的背景

（一）全球化背景

全球化和结构调整计划导致国家支出的普遍减少，向居民转嫁支出和实施广泛的私有化。国家支出减少的第一个牺牲品往往就是国民教育预算。学校网络扩展缓慢，甚至停滞；扩大儿童教育普及率和培养骨干教师的前景遭到破坏；本已很低的教师工资再次降低，迫使他们去寻找额外收入，并同时减少对教学活动的精力和时间投入，这就不可避免地影响到教学质量。

结构调整计划造成的后果就是被迫接受该计划的国家的大部分居民收入下降。这就影响到低收入家庭子女的就学问题。私有化政策首先给低收入家庭子女接受教育制造了额外的不利条件。该政策在教育领域以各种形式实施，包括在国立或者私立学校系统收取和增加学费，

以各种形式向家长非法增收学杂费（用于私人教育拨款部分），趁免费的国立学校教学条件恶化甚至停办，学校网络增长迟缓之机增加收费私立学校的数量。

（二）俄罗斯私有化进程中的教育

将几十年如一日的单一国有制变为以私有制为主体的多种所有制形式是俄罗斯全面向市场过渡过程中的重要组成部分，也是改革进程中最复杂、难度最大的内容。1992 年 10 月前，俄政府基本上完成了私有化立法工作，议会通过的法律文件有《俄罗斯联邦国有和市有企业私有化法》、《外商在俄罗斯投资法》、《1992 年俄罗斯联邦国有和市有企业私有化国家纲领》、《深化改革纲领》等。

俄罗斯教育领域的私有化几乎与企业私有化改革同步，甚至更早。它以私立学校的出现为标志。1991 年 1 月，俄联邦颁布《企业与企业活动法》，规定开办公司、股份公司和私营企业的任务之一是为满足社会需要提供服务。教育活动是为国民服务的一种形式，这一法律对它理所当然是有效的。据此，第一批非国立教育机构应运而生。1992 年 7 月颁布的《教育法》又以法律的形式明确规定，可以创办具有各种法律组织形式的教育机构。教育机构的创办者可以是国家机关，社会团体组织、境内外公民个人。这意味着实施教育已经不再像以前一样只是国家机关的专利，而且也是社会的义务、个人的权利。这就确立了社会、个人在办学中的主体地位。根据不同的办学主体，可以把俄罗斯学校分为三种类型：国立的（由国家财政拨款提供教学经费）；地方的（由地区财政预算办学）；非国立的，即私立的（自己解决经费来源，其中学生学费占很大比重）。在义务教育阶段，学生有选择进入各类性质学校的自由，但为了体现义务教育的公正性和平等性，《教育法》规定，国家对在私立大学就读的学生给予一定的经济补偿，不论何种形式的办学机构，都需经相应的教育管理部门批准，取得许可证。同时还必须接受教育管理部门或独立的国家教育评委会的鉴定。必须达到国家教育标准，才能最终被国家认可。

非国有（私立）教育是教育体制创新的产物。尽管私立学校是在俄罗斯企业私有化进程中出现的，但其中有不少属公有私营或民营性质。只有现有教育机构的所有制形式改变后，才是真正意义上的私有化。1993年叶利钦曾发布命令要求当年制定出教育机构的私有化法，俄国家财产委员会甚至成立了一个教育机构私有化专门管理司，但教育界对教育机构的私有化构想一直持否定态度。鉴于俄《教育法》中已有"非国立学校"的提法，且实际上国内已有上千所的非国立学校，所以俄政府决定从政府行动计划中排除教育机构"私有化"字眼，而以"非国有化"的提法取而代之。于是，一个由教育部、国家高教委和国家财产委员会共同制订的《关于教育领域非国有化、非垄断化法》草案经叶利钦签署于1994年9月公布于众。

草案共3章36条，比较全面地阐述了教育机构非国有化的概念，以及机构创办者、施教者与被施教者的权利与义务。对实施非国有化的程序、办法及财政收支等方面的内容都做了详细规定。

该草案开宗明义地指出，实行教育机构的非国有化和非垄断化的目的在于，充分发挥教育机构的主观能动性，在致力创新、提高教育质量以满足人才市场需要的同时，使教育系统能够补充、吸收非国有资金。教育机构的非国有化是指"将教育机构创办者的权利和义务由国家政权和管理机关、地方自治机关、国营企业、单位和组织转让给自然人和法人，以及他们的联合公司"。后者可以成为前者的继承者并获得财产权。从这里可以理解两层意思：①教育私人化是市场经济的产物，是补偿国家财政的重要途径之一；②教育机构创办者的权利、义务和财产权的转让与继承，是教育机构所有制从国家向个人（私人）根本性转变的体现。可以说，这两层意思本身就已经说明了教育私有制的特点和本质。教育机构不仅不是国家实施、管理、投资的场所，而且随着私有化的进展，将逐步完全脱离国家体系，成为新办学主体（私人而非国家）充分发挥主观能动性的私有财产。

教育质量各不相同的私立收费高等学校，甚至一些国家的私立收费中学数量的迅速增加成为教育差距存在，有时甚至继续扩大的重要因素，这些差距所涉及的不仅是接受教育的机会，还包括教育的水平，以及今后获得职业和提升社会地位的机会。发展中国家、发达国家，包括前社会主义国家都存在着这一差距。通常，只有富裕阶层的子女和年轻人才能进入学费昂贵，但拥有较高工资收入的高水平教师和现代化设备的私立中学和高等学校，他们在这里能够为今后建立长久的社会关系。学费昂贵的私立学校进一步拉大了教育领域的差距，导致社会差距和社会两极分化的产生[②]。由于可以不必通过竞争考试而只需付费进入本来免费的权威国立高等院校学习，使得差距得以产生并不断扩大。那些有钱但能力不及那些通过考试、成绩优秀却没钱上学的人就成为享有特权的人，他们能够接受高等教育，可以巩固自己的特权地位。

在回答《论据与事实》周刊一位女读者提出"有对私立学校收费的法律限制吗？"的问题时，莫斯科教育部门的一位负责人指出，在莫斯科有所贵族学校，"在那里入学时一次性缴费为 4 万美元。然后父母每个月再付大约 1500 美元的学费"。这位负责人还透露，"在莫斯科252 所非国立学校中（这约占学校总数的14％）存在不同等级的教育机构"。负责人指出，"说到对价格的限制，它既不存在，也不可能存在。私立学校是商业性机构，尽管受普遍教育法的影响其数量在下降。"（引自《论据与事实》，2004 年，第 22 期，国际版）其中大部分私立学校只有极少数富裕阶层的子女和年轻人才上得起。这些学校的出现和发展客观上导致这样一种结果，使业已迅速形成的巨大的财富分配不均现象由于教育方面同样的极大不平等（只有利于极少数富裕阶层）面变得特别突出。尽管苏联自身存在着很多缺陷，但是苏联的教育体制即使称不上最平均主义，也是最平均主义的一种；即使称不上最为大众化，那在这个意义上它也是最大众化的一种。就其本质来说，是否可以说其实就是两种平行的体制在发展，其中一个体制只对比较富裕的居民阶层开放？

三、俄罗斯的私立学校

（一）私立普通中等学校的数量与质量

俄罗斯新《教育法》的颁布，在相当程度上调动了社会办学的积极性，于是私立机构如雨后春笋迅速涌现。1991—1992 年度，俄罗斯取得许可证的私立普通学校有 85 所，学生 6.7 万人，到 1992 年底，**私立普通学校**已有 300 所，学生近 20 万人。1994—1995 学年，为 447 所，学生 39.5 万人。1995—1996 学年，私立普通学校已发展到 525 所，占普通学校总数的 0.8%，在这些学校学习的学生达 45.8 万人，占中小学生总数的 0.2%。由此可见俄国私立学校的发展速度之快——五年的时间里，在私立学校学习的学生数量增加了 5.8 倍。

（二）私立学校在教学质量、师资水平以及学生的综合发展水平方面的特点如下：

1. 对教学内容和形式的要求

私立学校与国立学校类型不同，其学生与国立学校的同龄人相比，学习积极性更大，对教学内容和形式要求更高。国立学校则恰恰相反，通常是教师对教育过程不满意并愿意对其加以改造，而高年级学生对此的态度还不如教师积极。反对采用新的教学方式，反对给教学过程添加创造性内容的，正是八至十年级的学生，他们已经完全适应了消极的教育方式。

2. 学生的智力水平和学校教学水平

学生智力发展水平的高低是评价学校质量的重要指标。按这一指标，私立学校的学生可以分为两类：1/3 的人与国立学校的学生具有相同的智力水平；2/3 的人大大高于国立学校学生的智力水平。在中、高年级学生学习兴趣的总体水平上，私立学校学生的达标率为 88%，国立学校学生为 75%；小学毕业生掌握较大信息量、智力水平较高者的比例为：私立学校学生 16%，国立学校学生为 6%；初、高中毕业生掌握较大信息量、智力水平较高者的比例为：私立学校学生 40%，国立学校学生 8%；小学毕业生中具有较高综合分析能力者的比例为：私立学校学生 51%，国立学校学生 20%；初、高中毕业生中具有较高综合分析能力者的比例为：私立学校学生 21%，国立学校学生 20%。由此我们可以看出，私立学校的质量总体上高于国立学校，尤其是小学阶段的教学效果明显。但私立学校的教学水平也参差不齐，有些高水平的私立学校，令 600 所国立学校无一能与之相比。而也有个别私立学校的教学水平很差，为了走形式，招揽生源，在学生连起码的基础知识尚未掌握的情况下，就讲授高深的知识。同时，九年级学生的知识水平普遍比十一年级学生高（在国立学校中无此现象），这主要是因为十一年级学生入学时正值私立学校初建阶段，而九年级学生入学时已处于其运转稳定阶段，比较成熟了。

3. 学生与周围人的关系

私立学校学生的个性发展在与周围人的关系方面引起人们的普遍担忧。这类学生性格比较孤僻，与自己圈子外的人交往时比较紧张，与国立学校的同学相比，他们比较孤傲、寂寞。在"教师对班内学生孤僻程度的评价"一栏内，私立学校学生所占百分比为84％，国立学校学生则占72％。

调查表明，私立学校的教师经常无法理解自己的学生，向高年级同学建议的活动形式和类型在多数情况下引不起他们的兴趣。而他们感兴趣的活动，教师又不组织。这主要是由于教师和学生的生活价值观和利益上的差异造成的。因为私立学校的学生大多数家庭条件优越，其父母属于或接近俄罗斯新富阶层，他们的生活方式或多或少比平常人家"洋"一些、特别一些。而私立学校的教师所拥有的经验多数是在国立学校中积累的，所以他们的教学活动有时仍是面向所有普通学校的学生的。同时教师对自己的"私立"学生们一些新奇时髦的"洋"式爱好和兴趣无法接受，这就造成了师生之间心理上的隔阂。

4. 教师的水平和职业资格

在调查中将教师分为几类：1）低限度创造性的（能够运用自己独特的教学方法）；2）实用—实践性的（能够根据教学对象、课程目的而选用合适的教学方式和方法）；3）形式化的（对教育、教学过程掌握不够）；4）不具备教师资格的（不称职）。

统计分析表明，国立学校中5％～10％的教师不称职，20％的教师属形式化类型，只有20％左右的教师具有独创性，大多数教师属于实用—实践型，他们具备足够的维持国立学校存在的职业素质，但不足以使其发展。私立学校基本没有不称职的教师。绝大多数教师也属于实用—实践型，但是有独创性的教师比例比国立学校翻一番（20％）。尽管如此，私立学校和国立学校一样，在教学方式和方法上都存在着让学生死记硬背、多次重复等现象。两类学校的教师对此均持批判态度，并愿意通过提高专业水平和采用新的先进教学手段等方式对其加以改正。

5. 教师的工资和社会保障

私立学校的教师对工作条件要求较高。尽管他们的工资比国立学校教师高，但他们的不满程度丝毫不比国立学校教师弱，他们也强烈要求改善社会保障，提高工资。另有资料表明，新进高等院校、尤其是高等师范院校的研究生很被私立学校看好，因为聘请他们作兼课老师，可谓物美价廉，每月 100～200 美元的收入，令这些月助学金不足 30 美元的穷学生相当满足。而且，他们平时自己的学习任务繁忙，除认真按私立学校的要求教好课，一般不会再向校方提出更多要求。

通过对私立普通学校的现状进行分析，我们已不难看出私立学校的发展特点，即其发展速度快，教学质量普遍比国立学校高。但由于其较高的收费，使大多数孩子望而却步，学校呈现出贵族教育的倾向，不但使置身其中的学生的性格发展受到影响，亦不被社会大多数人认同。正像上面已经谈过的，许多人认为私立学校的出现，是对教育机会均等原则的否定，使公平竞争成为一句空话。

（三）俄罗斯非国立高等教育的产生和发展

俄罗斯非国立（私立）高等教育起源于 19 世纪初期，晚于国立高等教育，在 1917 年十月社会主义革命胜利后被新兴的无产阶级政权彻底取缔，长达 70 余年，直至 20 世纪 90 年代初期，当俄罗斯再一次发生社会转型时才得以复苏。在高教领域，私立学校发展亦相当迅速，根据俄联邦高教委统计，1993 年私立高等院校近 200 所，其中 141 所通过有关专家委员会的鉴定，获得俄罗斯联邦《教育法》规定的允许从事教育活动的资格和权利（到 1994 年 5 月已有 160 所通过鉴定并获得办学资格）。而当时全俄共有国立高校 537 所，也就是说，私立高校已占到国立高校的 26.3%，其在校生为国立学校在校生总数的 2.7%，1993 年私立高校招生 5 万人，占国立高校招生数的 10% 左右。到 1995—1996 学年，获得办学许可证的高等学校已有 193 所（占俄高校总数的 25%，同年俄高校总数为 566 所，学生 13.55 万人）。

俄语中，与国立学校相对应的词，有"私立"和"非国立"两种说法，人们习惯上用私立（或非国立）普通学校，而高校只用非国立高等学校，这样可能包容的范围更广一些。除前面已列出的官方统计数字之外，我们还从俄罗斯的一家报纸上看到这样一条消息：到1996年年底，俄罗斯的非国立高等学校已达400所，其中有270所已获得原高教委颁发的办学许可证。虽然这个数字与上一年的差距比较大，有待于查证，但此类高校的发展速度亦可见一斑。

非国立高等院校大体上可以分为三类。

第一类比较正规，其教育质量不比重点国立高校差。一般都脱胎于名牌大学，有固定的教学基地，雄厚的师资力量，并都同传统的、有实力的某所大学挂钩。这类大学在莫斯科有10～15所，在其他城市也有，如喀山商学院。收费达2 500～5 000美元左右。莫斯科亚戈金国际大学当属俄罗斯非国立院校中名气最大、声誉最好、收费最高的非国立大学之一。原苏联教育部部长亚戈金是该校校长之一，叶利钦总统是督学委员会的成员。因此该校当然享有特殊地位。仅其入学考试的报名费就达30美元，相当于国立高校一名研究生一个月的助学金数额。其中最有声誉的经济系每月收费350～625美元。但校方为了培养人才，提高学校知名度，每年根据入学考试成绩，让10％的优秀生免费入学。

第二类是附属于老牌国立大学，也享有一定的声誉。如附属莫斯科大学的商校，附属国民经济学院的商业经济学院，外经部的高等商业学校等，约有30～40所，一般年收费在800～3 000美元。这些学校办学严谨，虽然在各个方面还略显单薄，但其发展趋势是向第一类学校看齐。以上两类高校都颁发"国家"样式的文凭，它与国立学校的文凭区别是前者的上方写的是高校的名称，而后者则为"俄罗斯联邦高等教育委员会"，前者没有双头鹰的印章。

第三类是多数，可称为公司性学校，不少学校没有办学许可证。这类学校不抓教学质量，只在广告上下功夫，号称不必经过入学考试即可入学，短期内可获高校文凭。在这类学校里，常常是教师不教，学生不学，双方目的不同，实际上是被金钱维系在一起的。这类学校的收费标准差别很大，最低的每年 400 美元即可。

高等私立学校在俄罗斯迅速出现的原因，除社会经济大背景外，还与其高校现实发展状况有关。首先，国立大学在有些专业方面不能完全、甚至根本不能满足市场的需求。这些专业多为经济管理、商业、法律、人文科学、修复艺术、社会保障等，以及许多非传统专业学科，如妇幼保健、环境和社会恢复、银行业和银行业务操作、课税和审计、商业和生产机密的保护、教堂建筑、宗教艺术等。其次，国立大学的一些教师和研究人员不满足于现有的教学大纲、计划和通用的组织教学过程的方法，希望获得运用新方法、掌握非传统知识，如哲学、政治学、文化学、历史学新解等的机会和实践，当然也还有经济效益方面的考虑。据称，现在私立高校的师资队伍绝大多数来自国立高校，其中 55％～100％是有学位和职称的，都是兼职授课。最后是生源方面的变化。因为旅费大幅度上涨，交通运输不正常，居民的收入下降，使人员流动性大大降低，就地入学人数剧增，许多学生和家长认为，与其耗资奔波于其他城市的名牌大学，不如将财力投入眼前的私立大学读一门时髦专业，毕业后找好的工作不见得比读名牌大学传统专业的困难。

（四）非国立（私立）高等教育的办学模式

私立大学的创立能充分发挥私人企业和团体的办学积极性，同时又能使中央政府腾出财力、物力和人力用于那些急需的教学和科研项目。因此，无论是发达国家还是发展中国家，都十分注重发展私立高等教育。它们大体上有以下几类办学模式：

1. 普及型。这一类型的典型特点是私立高等教育在整个高等教育中所占的比例很高（招生数比例高达 70％左右）。日本、菲律宾、印度、韩国、巴西、哥伦比亚、印尼等私立高校属于这一类型。它们初期发展主要靠吸收私人资源，都经历了一个自由放任的发展阶段，政府囿于财力采取大力支持而不加控制的政策，助长了它的发展。

2. 双轨型。这一类型的典型特征是私立高教的经费来源与国立并无多大差别，两者招生数基本相当（各占 50％左右），两者在整个高教中的作用几乎一样。

双轨型私立高等教育起源于培养多元文化的非等级制度，国家要求各类大学提供相同价值的高等教育，因此私立大学的地位自创办时期与国立大学就是"平等"的。如比利时早在 19 世纪 30～40 年代的各主要城市都建有为不同民族提高教育的私立大学，自由教会大学和自由布鲁塞尔大学分别为宗教和非宗教性私立大学的典范。早在 1835 年政府就颁布了高等教育法，政府对各大学只是通过授予学位的办法来进行管理，各大学学生必须经过国家统一考试，合格者才能获得国家统一授予的学位。随着高等教育的发展，1960 年，政府对私立，高校的补贴达到高等教育总预算的 44％，1971 年 7 月 27 日通过的法案又明确规定，比利时的私立大学与国立大学一样，可以取得完全相同的来自政府的公共资金，政府的财政拨款按同一标准（如据招生数、学科专业类型等）发放。

3. 补充型。这是指私立高等教育在国家高等教育体系中所占比例很低，以补充国立高校所忽视或无法办理的学科专业领域，政府通过法律和行政措施来约束私立高校的发展。法国、泰国、瑞典私立高校属于这一类型。

补充型私立高等教育的地位，基本上都是由政府政策决定的，但由于私立高校拥有较多的自主权，它的补充作用在一定程度是上国立高校不可企及的。

（五）非国立（私立）高等教育的发展状况

20 年来，俄罗斯私立高等教育的发展明显地分为两个阶段。

1. 1992 年下半年至 1999 年底：规模扩张阶段

①教育政策

"俄罗斯不是缺少教育政策的国家"，但迄今为止没有专门的《私立（高等）教育法》，私立高等教育与国立高等教育共同遵守着联邦《教育法》和联邦《大学及大学后职业教育法》。此外，《俄罗斯联邦教育发展纲要》、《俄罗斯联邦教育民族学说》等教育文件以及联邦《税收法典》、联邦《土地法》、联邦《预算法典》等非教育领域的联邦法也直接约束着私立高等教育。

联邦《教育法》是俄罗斯政府在新的历史时期制定的第一部联邦

级法律，颁布于 1992 年，该年被定为私立高等教育的纪元年。它首次提出了"私立教育"这一概念，确立了其法律地位，并制定条款鼓励、扶植私立教育的发展，比如第 41 条第 10 款规定"国立和市立高校与自然人、非国有企业、机关、组织签订为其有偿培养法律、经济、管理等人才的合同时培养、招生人数不得超过该专业招生总数的 50%"。联邦《教育法》的颁布引起了私立高等教育规模第一次大扩张。

1996 年 8 月 7 日颁布的联邦《高等及大学后职业教育法》标志着私立高等学校的权限划分完毕，其中第 3 条第 6 款规定"鼓励私立高等学校创办和运营"，与 1996 年版联邦《教育法》（将第 41 条第 10 款中的 50% 降到 25%）共同推动私立高等教育新一轮的规模扩张。私立高等教育规模大扩张客观上要求财政投入不断递增，否则，在不降低质量的前提下满足学生数量增加的要求，确实是一个令人生畏的挑战。到 90 年代下半期，受"休克疗法"灾难性后果以及 1998 年国内金融危机的影响，私立高等教育规模大幅度持续扩张和资金紧缩的矛盾突出，规模增加过快、办学条件不达标、专业设置重复率高、教育质量低等问题引起了政府的警觉和担忧。于是，紧缩教育政策陆续出台，比如1999 年 5 月教育部颁布的《关于俄罗斯私立高等教育发展问题》（No.1314）要求私立高等学校严格执行国家高等教育标准。

②教育规模与结构

学校规模。到 2000 年年初，私立高等学校数量增加了近 4 倍，占全国高校总数的 37%，而国立大学仅增长 1.27 倍。

学生规模。学生增加的速度慢于学校增加的速度。到 2002 年，招生规模增加了 320%，其中，全日制为 280%，夜校部为 320%，函授部为 450%。

层次结构。绝大多数私立高等学校定位学士教育。90 年代末期，全国 17% 的学士文凭是私立高等学校颁发的。到 2002 年年末，约 40% 私立高等学校可以颁发国家统一式样的毕业文凭，42 所可以培养硕士研究生和文凭专家，12 所有资格培养博士研究生。

形式结构。俄罗斯高等教育形式包括综合大学、学术学院和专门学院。私立高等学校多是单科性专门学院。2002—2003 学年，私立高等学校的综合大学、学术学院和专门学院的比例为 1.5∶2∶96.5，而国立大学为 49.70∶27∶23。

科类结构。超过 95％ 的私立高等学校培养人文社科类人才。其中，经济学、管理学、法学、财经和信贷、管理、会计、审计等最为普及，工程师所占比例不超过 1.5％。

师资结构。此阶段，私立高等学校以兼职教师为主。2000—2001 学年初，编制内教师占私立高等学校教师总数的 34.1％，比 1995—1996 低 0.4％，其中，具有博士和副博士学位的占 52.7％。

办学用地。截至 2000—2001 学年初，只有极少数学校完全拥有自己固定的办学用地。在莫斯科市和莫斯科州私立大学同盟会的 32 所会员学校中，只有 3 所拥有自己的完整办学用地，12 所 100％ 靠租赁，12 所租赁 60％—80％，3 所租赁 30％—45％，2 所租赁 15％—20％。

③不同利益主体对私立高等教育的评价

尽管苏联解体让俄罗斯彻底走上了市场经济的道路，但是几百年来的专制主义制度和"国家思想一元化"的社会意识对凡是"私有制"的事物都有一种特别的反应。私立高等教育的复苏，特别是规模的急剧扩张遭到了社会意识的排斥。

"国立派"的评价。"国立派"包括部分政府官员、国立大学校长以及部分教育消费者，高等教育领军人物、莫斯科国立大学校长 B. A. 萨多夫尼奇是其中的代表人物。在他们眼里，大量的私立高等学校的出现是个战略性的错误。教育部长 A. A. 富尔先科指责"大量的私立高等学校的存在只能造成俄罗斯教育质量的整体下降"。B. A. 萨多夫尼奇认为商业大学不是教育，数量庞大的私立高等学校正在使高等教育、学历和学术称号贬值，给俄罗斯教育和科学系统造成了重大的损失，它们的活动导致人们不再重视教育质量，对科学成就的客观评价在逐渐消失。他讽刺道："尽管一些私立高等学校被称作'综合大学'，甚至还带'国际'两个字以及被授权颁发国家统一式样的毕业证书，但是年轻人在那里并没有学到高深的知识，只不过是坐了几年板凳而已。"B. A. 萨多夫尼奇还痛斥私立高等教育的文凭是一种贸易，像毒品生意一样繁荣，会毁掉人的一生。获得假文凭的人就像得了急性传染病，承受着无知的病痛。他认为俄罗斯教育现代化的中心任务之一就是与"影子"高等教育不妥协地斗争。

"私立派"的评价。"私立派"的代表主要是俄罗斯知名的私立大学领头人。他们出版专著、撰写文章、接受各大媒体的采访，立足于本校实际，指出办学过程中遇到的困难，探讨解决对策以及规划学校未来发展目标，总结、介绍办学经验，同时借机溢美私立高等教育和反击"国立派"，还呼吁政府及全社会公平对待私立高等教育，表达自己的意愿。

俄罗斯新大学校长 B. A. 捷尔诺夫在接受采访时说："私立大学不仅培养法律、经济人才，还将培养医学、技术和自然科学人才。它授课形式灵活，教育质量不仅符合国家教育标准，甚至比许多国立大学还要好得多。很多学校可以颁发国家统一式样的毕业证书，生源也不再是国立大学的落榜生……莫斯科政府将私立大学视为街头的售货亭，向其收取营业税……银行给国立大学贷款，却将私立大学拒之门外，私立大学只能依靠学费求生存、谋发展。"

他称赞私立大学是创新场所，是进步的推动器，还强调现今的俄罗斯没有私立高等教育是行不通的。私立高等教育已经实现了自我完善，尽管未来依然还要为更完善而不懈努力。私立高等教育已经赢得了声誉，社会认同它是有生命力、有创造力、有效益、为国家各行各业培养人才的机构。他还呼吁将来大学的分类标准不应该是所有制形式，而是教育质量。伏尔加河沿岸地区私立大学联合会负责人 H 普鲁斯骄傲地说："我们正在发展，我们遍布全国各地……很多大学生也不再将大学分为国立和私立大学了。"莫斯科人文大学校长 И. M. 伊里英斯基高喊"要对私立大学说'是'"，"我们应该有一个野心：成为最好的！——俄罗斯私立大学应该发展成为像剑桥和普林斯顿一样的知名大学"。

2. 2000 年—至今：规范发展阶段

新千年伊始，普京政府开始实行强国政策，在国家经济和社会领域建立了一套完整的国家调控体系，希望依靠国家政府实施"有秩序、可控制"的市场经济，努力使俄罗斯恢复国家秩序和稳定，重返世界强国之列。在这样的背景下，一系列新的政策出台。

①教育政策

2000 年，集中体现了"强国、强权"意志的《俄罗斯联邦教育发展纲要》、《俄罗斯联邦教育民族学说》和《2010 年俄罗斯教育现代化构想》等教育发展战略性文件相继被讨论制订。这些法律文件将高等教育问题提升到国家层面，也不再使用"私立高等教育"，而是用"高等教育"统一称谓各种所有制的教育，标志着私立高等教育成为国家高等教育总体规划和发展战略的组成部分。2004 版联邦《教育法》取消支持私立高等学校的经济优惠政策，包括取消了 1996 版"允许国立大学若干专业招收有偿教育生人数不得超过该专业招生总数的 25%"的限定，新版不再限制招生比例和专业，这项举措在推动国立高等教育商业化步伐的同时，加剧了国、私立高等教育对有限教育资源的竞争。2004 年版联邦《高等及大学后职业教育法》取消了"鼓励私立高等教育机构的创办和运营"。至此，私立高等教育进入了规范发展阶段，和国立高等教育处于完全相同的教育政策环境，执行国家统一的教育标准，走上了以提高教育质量为核心任务的教育现代化之路。

②教育规模与结构

在国家教育政策的引导与约束下，私立高等教育规模扩张的速度明显减慢，进入了提升教育质量的发展阶段。

学校规模。在 1995 年，国立大学与私立大学数量之比为 70：30，2009 年，比例变为 60：40。当前，俄罗斯高校共计 3500 所（包括分校），其中，私立高等学校 1400 所。

学生规模。2008—2009 学年，在校生约为 150 万人，约占全国总数的 20%；当前减少到 140 万人。

科类结构。科类结构越趋合理，尽管依然有 90% 的私立高等学校培养着人文社会科学的人才，也有个别学校开设了木柴开发与加工、农业经济与渔业专业、生态和自然利用、汽车和汽车经济、应用数学、医学控制学、医学信息等专业，不过，每个专业的学生数仅占学生总数的 0.1%。

师资结构。在这一阶段，兼职教师日益减少，编制内的高学历教师数量显著增加。2006—2007 学年，编制内教师所占比例增加到 59.2%。

办学用地。目前私立高等学校全日制学生人均占地约 $12m^2$，超过"每生拥有教学实验场地不少于 $10.5m^2$"的国家规定，但绝大多数学校办学还是以租赁为主。

③不同利益主体对私立高等教育的评价

二十几年来，非国立高等教育取得了长足的进步，表现为质的提高，结构的优化，同时为高等教育系统的完善以及社会的稳定和发展做出了不可否认的贡献。面对成绩，越来越多的"国立派"人士开始接受私立高等教育，同时，他们也在思考，作为发展历史短、办学实力整体上远不如国立高等教育的非国立高等教育在未来应该选择何种发展道路，教育主管部门应该制定什么样的教育政策和管理制度推动其发展。前教育部部长 B. M. 菲力波夫于 2009 年全俄教育工作者会议上承认"在教育系统预算拨款显著下降的情况下，没有 90 年代从零开始的非国立高等教育，今天的成绩是无法取得的"。B. A. 萨多夫尼奇认为当今的俄罗斯社会制度和经济已经迥然不同于前苏联时期，在政治、经济、社会生活各领域多元化的大背景下不应该禁止私立高等教育，它应该像世界其他国家的私立教育一样，有一套独立的评价标准。国家杜马教育委员会主席 A. 巴雷辛建议政府应该组建一个私立教育办公室，用以有目的地研究、解决私立大学的问题，指出当前最主要的问题是政府征收私立大学营利性商业活动的利润税，他还批评为什么很多人总是忘记私立大学是国家经济发展最重要的创新场所之一，它们提供了教育机会，影响着国际教育标准一体化的进程。

"私立派"的评价。在与国立大学并存、共同发展、相互竞争的过程中，"私立派"开始认真思考如何在市场机制下按照教育规律办学，同时也更加清醒地审视自己生存与发展的空间，以便找到应对的策略。俄罗斯联邦地区私立教育组织联合会会长 A. Д. 维里松犀利地指出：今天，我们已经到了该采取最后行动的时候了。金融危机让私立教育所有未解决的问题都暴露了出来，其中最重要的一个就是国家政府不再需要私立高等教育。我强调一下，不是俄罗斯的民众不需要我们，而是国家政府。政府官员的逻辑很简单，也很清楚，就是国立大学有足够的学额。

当前，私立高等学校正努力寻找发展空间、探索发展道路。

二、对私立高等教育的评价

（一）推动私立高等教育发展的主要因素

二十几年来，俄罗斯私立高等教育经历了从无到有、从无学历教育到学历教育、从职业培训与再培训到学士教育再到博士培养、从单一的教育服务到科学研究、从偏重人文社科类专业到自然学科的增设、从缺位管理到规范管理的发展历程，这主要是国家教育政策作用的结果。首先，在 20 世纪 90 年代国家"鼓励、扶植"的政策下，私立高等教育成为了俄罗斯高等教育资源增加的主力军；其次，处在与国立高等教育无差别的教育政策环境中，按照国家统一教育标准办学和国家统一考试促使私立高等教育在更高的平台上发展，推动了部分有能力的私立大学在高要求、高标准下提高了教育层次。今天，已经有 10 余所私立大学获得了培养博士研究生的资格。

（二）影响私立高等教育发展的主要因素

尽管在叶利钦时代，俄罗斯已经初步搭建起了民主政治的框架，但是法律的字面意义常常与现实生活相去甚远。到目前为止，俄罗斯复杂、矛盾的自由民主改革并未让社会形成一个真正意义的市民社会，国家所进行的政治、经济改革实际上依然是权威官僚的，社会生活各个领域还留有强烈的国家主义和对私有制事物排斥的残余。社会意识对私有制事物的异样反应使得私立高等教育的法律地位得不到落实，合法权益受到损害。尽管私立高等教育法律上是国家高等教育系统的组成部分，但实际上它仅发挥着补充国立高等教育的功能，还处在高等教育系统的边缘。所以，当前实行的无差别的教育政策只是在表面上营造了一个公平、竞争性的教育环境，事实上没有考虑到私立高等教育的特殊性，更没有以公平竞争为原则实现教育资源的合理配置，没有给私立高等学校提供足够的机会，使他们可以从中做出选择。可以说，国家统一教育质量评估标准剥夺了私立高等教育多样化和个性化发展的权利，驱使私立高等教育朝着与国立高等教育趋同的方向发展。

（三）私立高等教育对俄罗斯高等教育发展的贡献

私立高等教育的复苏帮助高等教育完成了从全面的国家垄断向市场机制转轨的过程，使传统的高等教育系统获得了新的生命力，推动了一个开放、民主、多元化的高等教育系统的形成，不仅现实地丰富了市场和民主的内涵，也为解决教育经济问题和社会问题以及稳定社会秩序做出了贡献。如今，它已经发展成为了俄罗斯高等教育系统的组成部分，与国立高等教育相得益彰，为国民提供了更多的教育机会。

经过二十几年的发展，私立高等教育取得了不小的成绩，为俄罗斯高等教育乃至俄罗斯社会的发展与稳定做出了自己的贡献，但发展过程中尚存在着一些有待解决的问题。如教育政策对私立高等学校的倒闭、产权所属、回报等问题都没有做出规定。其次，俄罗斯严重的人口危机已经造成基础学校毕业生数量开始低于高等教育学额，而国立大学有偿教育凭借国立大学的声誉比私立大学更有竞争力。此外，传统的社会意识依然让私立高等学校在办学过程中遭受到不平等。私立高等教育的未来发展必须要依靠政府的调控、社会力量的积极参与以及自身的完善。

（四）私立学校的积极影响和存在的问题。

私立学校的出现，在许多地方帮国立高校缓解了矛盾，解决了问题。如：①解决因就地入学人数增加而国立高校已人满为患又无法扩大招生量的困难；②为国立高校工作者提供获得额外工资的机会，一定程度上缓解了师资外流；③发展以经济、管理和人文科学等专业为方向的私立高等院校使国立高校有可能把预算拨款的有限资金投入理工科的各个专业和项目，还可以在某种专业方面补偿国立高校招生人数的减少；④可以给才能出众的青年提供精英教育，为塑造人文科学领域中具有"非传统思维方法"的新知识阶层创造条件，这一点往往在国立、私立高校师资力量相同的条件下，前者因为财力上的不足而无法实现；⑤鉴于私立高校具有相当的竞争能力对劳动市场的需求能做出更迅速的反应，所以，可以把它们当作修订新、独特或试验性的职业教育项目的实验场所，这些项目一经审核确定就可以列入国立高校的计划之中。私立高校出现五年来，也遇到不少问题。如不少私立学校无自己的教学和实验场所，而将学校设在国立教育机构（中学、职校、中专、进修学校）的校园里，严重影响了租借给它场地的国立学校的教学秩序和质量。有些私立院校把自己看作以营利为目的的商业机构，企图在缺乏实施教育过程的标准条件下大批量招生，牟取暴利。有些私立院校竟然在没有取得国家确认的办学资格的情况下进行教育活动，教学质量根本无法保证。不少私立院校的领导虽然大部分是原来高校、科研机构的工作人员、博士、教授，但在组织和管理高校方面缺乏足够的经验。另外，私立与国立高校有时是在不平等条件下竞争，如法律规定国立院校学生可免服兵役，而作为新生事物的私立学校的学生则达到年龄必须服兵役，这就在一定程度上影响了私立学校的发展，破坏了其学生年龄和性别上的平衡。

总之，私立高校目前正处于形成和发展阶段，还没有确立国家对此管理的基本规范，法律保护和监督机制还远不健全。要使私立院校能获得在西方国家教育领域中的地位，还要做相当多的努力。俄国学者们认为，首先，应当健全有关的法制、法规。如制订国家承认私立高校办学资格的标准；确定私立高校必须完成高等学校标准条例所要求的范围；制订把取得国家确认办学资格的私立学校列入国家中央拨款体系；制订对支付私立学校学费的公民给予补偿的条例和条件，包括提供国家教育拨款；拟订授予私立高校教师职称的条例等等。

任何事物的形成和发展都需要一个过程，对于私立学校来说，只要确立好协调它与国家分析教育管理组织相互关系的补充机制，那么它们必将成为国家教育体系中不可或缺的一部分。

第三节　俄罗斯高等教育与波洛尼亚进程

关于俄罗斯加入欧洲高等教育空间的各个层面的讨论早已见诸各类报刊，并引起高校教育工作者们的极大关注。

一、关于"波洛尼亚进程"

1999 年 6 月 19 日，"欧洲高等教育空间"研讨会结束之后，29 个欧洲国家教育部长在波洛尼亚签署了联合宣言。这份文件是对 1998 年 5 月 25 日由英国、德国、法国和意大利四国教育部长发表的《欧洲高等教育体制一体化联合宣言》的完善，按照签署地点，它通常简称为索邦宣言。宣言号召欧盟成员国及其他国家支持他们的倡导，建立统一学制，这一体制致力于各国间互相承认学位，加强学生的流动，拓宽学生就业的可能。宣言具有明确的目标——建立欧洲高等教育空间，为实现这一目标所设定的具体任务包括以下几项。

1. 建立相互认可的、有可比性的学位体制，其中包括采用文凭补充说明；

2. 建立两级学位体制，第二个阶段是指硕士和（或）博士；

3. 应用 ECST（European Credit Transfer System）学分转换系统，支持大规模学生流动；

4. 确定上述任务完成的期限——21 世纪的头 10 年。

波洛尼亚宣言文本中提出："我们在权限范围内有义务达成这些目的。"在欧洲各国教育部长会议公报（布拉格，2001 年 5 月 19 日）中也再次指出："部长们再次确立了 2010 年年前建立欧洲高等教育空间所应尽的义务。"最后，在 2003 年的柏林公报中特别直接地提到，柏林公报的参与国可以成为欧洲高等教育空间的成员国，如果他们发布声明保证在各自的高等教育体制下承认并履行波洛尼亚进程的任务，其声明中应包括以下内容，即他们将以什么样的方式来实施宣言的原则和目的。公报中又提到，部长们承认加入波洛尼亚进程会使所有签约国的高教体制发生根本的变革。

为实施波洛尼亚宣言的目的和任务必须通过签订类似于1997年里斯本公约（该公约承认欧洲高等教育的分类）的政府间协议。以建立欧洲高等教育空间通过的相关国家法令和国家间协议应该被称作波洛尼亚进程。

从本质上说，波洛尼亚进程的发起决不是由于西欧国家政府试图提高自己国家的高等教育水平，因为在索邦宣言和波洛尼亚宣言中对这一问题的描述仅有几句话而已。欧洲高等教育空间这一理念的产生是以现阶段发生于西欧社会的诸多进程为前提的。其实最主要的原因是欧盟主导国的高等教育领导层希望建立一个在吸引国外留学生自费留学方面能与美国高等教育体制竞争的体制（本国公民教育是免费的，或者通过长期无息贷款获得）。在这一点上西欧的大学领导们也给予了极大的关注。

当然，在经济一体化背景下最好拥有统一的高等教育空间。但是这里必须指明的是，与欧盟不易渗透、封闭的经济区相比，欧洲高等教育空间是开放的（在宣言中提及的并不仅仅是欧洲，而是全世界）。其原因大概在于欧盟高等教育体制的领导者们希望吸引东欧国家，许多大学基础数学、物理的培养水平暂时是超越欧盟国家相应学位的水平。在西欧国家青年对自然科学及工程学科的兴趣呈明显下降趋势的情况下，吸引留学生的益处在于：第一，节省学士层次培养的开支；第二，利用东西欧生活水平的差距，吸引那些在读硕士期间已习惯于欧盟国家生活条件的毕业生填补这些领域的空缺，由此可以支撑以获得高等职业教育为目的的学生流动。也就是说，可以预见大学教学交流环节的简化，这种交流不仅局限于一国之内，而是涵盖所有签署波洛尼亚宣言的国家。在这种情况下，自然会出现高校整个教学进程的统一。

波洛尼亚宣言的关键因素在于：一是"我们应对提高欧洲高等教育体制的国际竞争力以特别的关注"。这里实际上已经承认，20世纪末西欧与美国相比，在吸引外国留学生自费接受高等教育的竞争中遭受失败。二是"索邦宣言强调建立欧洲高等教育空间是促进公民的流动和寻求就业机会的关键途径",由此使得上面描述的吸引自然和工程科学青年人才到欧盟主导国的简化流程得以实行,西欧主要国家早就在实行吸引国外高水平人才到知识密集型领域的国家级计划,这个计划类似于位于美国硅谷的各大公司进行的 H-1B 计划。

关于波洛尼亚宣言设立的第三个任务——采用 ECTS 学分转换系统,欧洲学分转换制 ECTS 是 1989 年在苏格拉底欧洲计划框架下为认证国外学习成绩而制订的。ECTS 坚持两个基本原则:每个教学大纲中的组成部分(课程、学年设计等)由某个数值来代表;对是否掌握本大纲组成部分的评价标准进行统一。

每个具体的大纲组成部分都由某个数值来代表,这个数值与学习该内容的所有学时(课上学习加自修)成正比,这个数值就称作学分。一学年的学分数(定额)大致为 60 分,据此,大多数欧洲国家每学年含 1 500~1 800 学时,每个学分相当于 25~30 学时。在柏林公报中部长们获悉这一内容,即"根据他们在布拉格发出的号召,正在进行对具有欧洲特色的所有层次的模块、课程和教学大纲的补充研究"。因此完全无法理解,某些学者从哪里得出结论,欧洲的教学组织体制是建立在跨学科、模块教学、每学期不超过 5 个系数等原则之上的,至少在培养物理人才过程中上述原则是不存在的。

值得注意的是,根据 ECTS 原则每个教学单位学分的大小取决于每学年的总学时数。就是说,同样一门课,课时与自修时间相同,但在不同的大学里学分数会有所不同。因此,学分多少只能通过派出和接收学生的大学双方协议确定,这是学分转换所必需的。尽管在柏林公报中提出号召:将继续推动 ECTS 不仅成为学分转换系统,还要成为学分累积系统。ECTS 中唯一改变的是研究者在其名称上加了一个形容词——累积的。显而易见,要想使 ECTS 成为真正的欧洲高等教育空间的学分累积系统还需要欧洲大学间进行大量的协调工作。统一评分机制的必要性在于欧盟国家之间存在不同的考试评分机制,从芬兰的 4 分制到西班牙的 30 分制不等。ECTS 的评分机制使得学习成果得以在其他国家转换。ECTS 中包括如下分值:

- A（优秀——存在小错误）
- B（很好——高于平均水平，但有一些错误）
- C（好——大体情况良好，但有些严重错误）
- D（合格——很努力，但有严重的不足）
- E（尚可——成绩达到最低标准）
- FX（不合格——需要继续努力）
- F（不合格——需要更大的努力）

所有这些暂时还不可怕，虽然俄罗斯的评分体制与其不同。最令人不快的（如果不能称其为愚蠢的话）是 ECTS 是一个定额的评分系统。这说明在全班考完试后，其参加考试的学生成绩是按降序排列的。10％的人数最好成绩获得 A，接下来的 25％获得 B，30％获得 C，25％获得 D，最终，10％是余下的 E。类似的百分比关系就是 ECTS 的一部分。显然，在口试中（此类形式在俄罗斯的大学里占绝大多数），特别是在同时有几个主考教师时，按照这个评分机制给学生打分就很成问题了，如果还能打出成绩的话。

随着时间的推移，波洛尼亚宣言提出的第二个任务发生了部分改变，1999 年是这样描述的：第二阶段应该实施硕士和（或）博士学位。在 2003 年的柏林公报中这一提法发生了改变：第二周期的学位应该使为获取博士学位的科学研究成为可能。就是说，博士学位已经不被看成是学习的结果。在 2005 年的卑尔根公报中又提到：我们扩大在欧洲高等教育空间的学位认定框架，以三个阶段为基础（基础的、依托于国家民族特点的、中间培养的）。我们认为，第三阶段（博士学位）的期限大多数国家为 3～4 年，第三阶段学习的参与者应该同时既是学生，又是青年研究者。

二、俄罗斯高等教育与波洛尼亚进程

波洛尼亚进程的问题不仅局限于高等学科领域。如同国际市场、国际传媒一样，波洛尼亚进程是全球化的多种表现方式之一。广义上来说，波洛尼亚进程这个概念是人们及其思想和信息穿越国界自由交流与传递大场景下的一个部分。在这个场景下，民族认同的关键领域是高等教育，其国际化程度不断提高直接取决于本国政府及其政策的适切程度。

（一）波洛尼亚进程是全球化的一种形式

俄罗斯为什么加入波洛尼亚进程？事实上，其加入的动机与任何一个成员国别无二致。除此之外，还可以从全球化的视角对俄罗斯加入波洛尼亚进程进行分析。波洛尼亚进程是对俄罗斯产生影响的三大世界基本趋势的集中反映。

第一，国际化的学术流动。虽然通过网络可以实现大量信息的传播，但是地球上知识的传播更多地还是依赖于传统的方式：学生和教师的流动、学术计划和教学标准及方法的传播。这样，学术流动、信息交流和标准化成为信息时代的重要组成部分，它们被称作"人类的因特网"。而人是信息载体的综合，俄罗斯不能脱离于这个发展过程之外，就像没有人能够忽视因特网一样。

第二，如上所述，波洛尼亚进程是知识经济的一部分。在现代世界知识是保证生产投入取得最大回报的重要因素。至于说到竞争力和稳定性，任何国家的经济都要求以比经济增长速度更快的速度开放教育投资市场，创新知识、人才市场，使其更加国际化。按照所有这些因素去比较，俄罗斯的经济已严重滞后。波洛尼亚进程能够帮助俄罗斯消除这一劣势，并依靠知识经济创造更大的发展空间。

第三，波洛尼亚进程的出现与已形成的政府模式和现代世界影响力量的改变有很紧密的联系。传统的国家政权范畴是地域、自然资源、国防力量（统称为"硬权力"），在"软权力"面前已呈退让之势。"软权力"包括竞争力的经济、高效的管理、积极的外交政策、国际的威望、民族形象和国民的潜能。欧洲试图整合自己的高等教育资源正说明"软权力"的重要性。俄罗斯历史上形成了对自身的地缘"硬权力"——广阔的领土和自然资源极大的依赖性。如今，俄罗斯无疑正在全球"软权力"的对垒中遭遇冲击。这样，对于俄罗斯来说波洛尼亚进程是其展示"软权力"的一种方式，是在世界范围内提升自己的吸引力和竞争力的手段，同时也为其开发国家最宝贵资源——人的潜能提供了可能。

换句话说，波洛尼亚进程是对俄罗斯经济、社会和文化的挑战，同时也是对国家政权的考验。抛开各国政府、大学、教授及学生对波洛尼亚进程的评价不谈，现今波洛尼亚进程已成为欧洲高等教育的工作媒介，并已对人们的选择和未来发展产生了影响。像全球化，或者气候那样，不论人们是否喜欢波洛尼亚进程，但却不能忽略它，只能去适应它。进程已经启动，并已拥有很快的发展速度。俄罗斯在任何情况下都会加入其中，但问题并不在于俄罗斯是否加入，而在于将如何加入——是积极研究和制定方针政策及日程安排，积极确立其在欧洲教育体系中的位置，还是消极地以旁观者的姿态关注事态的发展。现实的情况容不得俄罗斯在徘徊中作出选择，它不得不行动起来，明确自己的利益，判断自身发展的得失。研究实际操作的步骤。

（二）俄罗斯的利益

波洛尼亚进程是典型的后现代现象，与国家的内部及外部政策密切相关。它关涉影响个人、社会和国家利益的社会结构、政治结构和经济结构。俄罗斯加入波洛尼亚进程的内部利益与俄罗斯对其所面临的现代化进程的总体设计相关，它包括：高等教育改革——旨在使俄罗斯的高校更适应信息时代和国际市场的标准及要求；提高俄罗斯经济的竞争力，保障经济的稳固增长，解除俄罗斯对自然资源出口的依赖性，促进其向知识经济转型，以使其商品和服务获得更大的价格收益；自由化，向市场经济转轨，加强俄罗斯经济和社会环境的市场调节，限制来自政府过多的影响，摆脱家长式经营；社会多元化——大力发展独立的高等教育机构、学术团体、公民社会及"第三部门"；保持民族文化和教育的统一性，保持俄罗斯高校的传统；培养新一代的社会精英，使其保存俄罗斯的文化特性，同时具有国际水平的能力和发展潜力。

①从宏观角度看，俄罗斯加入波洛尼亚进程的国内意义在于，波洛尼亚进程对正在进行的经济、社会和行政改革直接产生了综合影响；

波洛尼亚进程直接作用于高等教育、劳动力市场的改革和社会部门改革；波洛尼亚进程间接作用于预算改革（高等教育拨款系统的现代化和提高其财政稳定性）和行政改革（提高高等教育的自治水平）。波洛尼亚进程对改革不同方面的影响见图1。

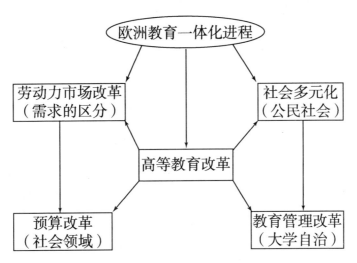

图 1　波洛尼亚进程对俄罗斯国内改革的影响

②俄罗斯加入波洛尼亚进程的外部利益也是多元的。

首先，这可以扩大与欧盟的对话。在俄罗斯与欧盟关系上存在四个共同紧密联系的空间，第四个空间（科学，教育和人文交流）的发展进步会对其他三个空间产生正面影响。俄罗斯与欧盟的伙伴关系无疑是紧密的，如果与建立在利益基础上的美俄关系相比，这种关系更大程度上是建立在文化取向上的。它们有着共同的价值观，共同的文化渊源，同属于一种文明（或者，准确地说，为此正努力着）。从这个层面看，波洛尼亚进程使文化遗产（欧洲教育）制度化，并且是欧盟与俄罗斯之间对话的中心议题。

此外，俄罗斯高等教育对波洛尼亚进程的标准及要求的适应，会使俄罗斯与欧盟发展伙伴关系更加和谐。

至于说俄罗斯与欧洲的一体化进程，波洛尼亚进程能够提供比与欧盟对话更多的机会。如上所指，波洛尼亚进程是整个欧洲社会对话的一种形式，这种对话以平等为基础，在欧盟与各国政府间，甚至在跨国商业协会及跨国学术团体间得到广泛的发展。这样，俄罗斯加入欧洲可以获得更广泛的社会基础，不仅包括政府间各级官员的协同，还包括公民、科学生产联合公司和团体间的合作。（见图2）

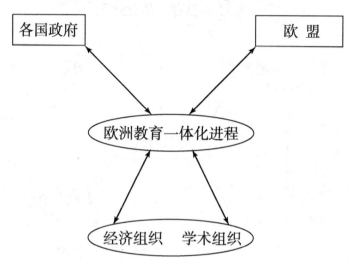

图2　波洛尼亚进程促成的欧洲社会的对话模式

　　然而，现阶段俄罗斯加入欧盟前景尚未明朗（或者说还没有明确的愿望）。这说明，它之所以有兴趣加入波洛尼亚进程，是为了使其多样化，将影响扩大到欧盟以外，使其由仅是欧盟框架下的草案，变成大欧洲的基础之一。

　　除了俄罗斯在欧洲的利益外，波洛尼亚进程还可以满足其世界范围内的需求。首先波洛尼亚进程能使俄罗斯展现其在竞争中的优势，并使这些优势具有国际特征。这里优势所指的是教育的高标准、城市人口的发展、经典俄罗斯文化和知识界的传统。换句话说，波洛尼亚进程能帮助俄罗斯完全转化这些民族优势，使其在国际就业市场划分过程中占据有利位置，从而摆脱其原料出口国的角色。

最后一点的意义在于，当传统的"硬权力"方式在俄罗斯、独联体和世界范围内无法令人满意时，波洛尼亚进程能够最大限度地帮助俄罗斯利用"软权力"。相应地，与导弹、石油或者其他广阔的地域相比，俄罗斯高校能使俄罗斯获得更具有吸引力的国际形象和更具前景的未来。

（三）俄罗斯的抉择

现代世界的基本矛盾是全球化力量（一体化、均衡化、统一化）与代表不同国家、不同文化的同一力量间的冲突。这两种力量的相互关系也体现在俄罗斯与波洛尼亚进程的关系上。一方面，波洛尼亚进程是全球化的体现，可以为俄罗斯提供更大的可能和全球化的发展前景；另一方面，俄罗斯需要保持自身文化和教育的统一性，如许多俄罗斯科学流派的研究都注重抽象的理论研究，而非应用研究。这样，俄罗斯利益和可能的结构特征可以用标准与传统间的内部张力来表述。这种张力可以通过两个缩影来反映：从政策行为角度看，它反映在适应和对抗两种状态；从政治结果角度看，它拥有内部及外部两种表现。

应用这些范畴，可以构建 2×2 矩阵，体现俄罗斯利益与波洛尼亚进程相互联系可能出现的四种政治结果。显而易见，这一图解的各部分不存在直接的因果关系，抉择则基本上富有理论特征；这一图示可以帮助我们从视觉上了解俄罗斯与波洛尼亚进程的联系可能出现的结果。（见图 3）

• 在内部领域，对波洛尼亚进程的适应可能导致高等教育的现代化，广义上有利于取消控制及整个社会经济改革体系的自由化。

• 在外部领域，对波洛尼亚进程的适应可以促使欧盟和俄罗斯关系间的一体的、协调的相互作用；俄罗斯能够保持自身民族文化和教育统一的核心，并且可以在广阔的欧洲空间内宣扬自己的民族传统。

• 相反，在对待波洛尼亚进程中出现对立时，可能导致国内政治发展出现停滞，就是说，在高等学科领域，乃至所有的改革领域会出现控制的扩大官僚主义和国家主义。

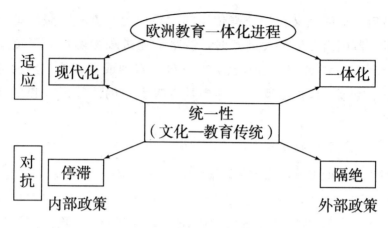

图 3　俄罗斯的抉择

·在外部领域，这能导致国内教育体制的封闭和保守。

　　显而易见，俄罗斯必须避免封闭和停滞。另一方面，现代化和同步性又不能妨碍本国的教育传统和俄罗斯学术流派及研究方法的完整。无论是杜绝波洛尼亚进程，还是将外来的标准强加给俄罗斯高等教育，都不会看到政策的未来。取而代之的应是俄罗斯与欧盟在学科领域的一体化。这建立在双方考虑对方利益的基础上，并且俄罗斯不应仅仅使自己的内部体制去适应波洛尼亚标准，还要在相互交往中推介自己的民族传统，使自己成为欧洲高等教育空间上的平等伙伴。

第四节　俄罗斯的研究生教育

一、俄罗斯研究生教育的产生

（一）研究生教育的背景

1. 俄罗斯研究生教育的产生

现代研究生教育发端于 19 世纪的德国。1810 年以洪堡创办的柏林大学为标志，确立了教学与科研相统一和学术自由的原则，设立哲学博士学位，奠定了研究生教育发展的基础，标志着现代学位制度和研究生教育的产生，形成了以讲座制为基本形式的研究生教育模式。而美国在借鉴德国和英国研究生教育经验的基础上，经过适应本国社会发展和民主传统的改造，以 1876 年霍普金斯大学创建的研究生院为标志，开启了现代研究生教育的历史，才有了名副其实的研究生教育，形成了以研究生院为依托的集体培养式的研究生教育模式。随着经济全球化、高等教育国际化和高层次专门人才在社会发展中所发挥的重要作用，世界各国研究生教育在提高教育质量的同时，注重教学、科研和生产相结合，教育形式的多样化，研究生教育的国际化。各国研究生教育在保持各自文化传统的基础上，彼此借鉴，呈现多样化的研究生培养方式。

俄罗斯研究生教育起始于 19 世纪初，仿效西欧（德国、法国）建立起学位制度。1804 年颁布的第一个《大学章程》规定大学可设副硕士、硕士和博士三级学位，主要以培养高校师资为主。十月革命后，第一个社会主义国家苏联废止了沙俄时期的学位制度。于 1925 年颁布《关于高等学校和科学研究机关培养科学干部的条例》，提出在高校和科研部门建立研究生部培养科学干部和科学教育干部。设立了面授研究生部、函授研究生部、一年制研究生部、定向研究生部等多种培养形式，培养了大量的高层次专业人才，为苏联从一个落后的农业国发展成为综合国力强大的超级大国，为苏联在国际科技竞争和人力资源竞争中占据重要地位起到决定性的作用。1934 年苏联人民委员会通过了《关于学位和学衔的决议》，建立了苏联特有的"科学副博士"和"科学博士"两级学位制度。苏联的研究生教育体系与世界上其他国家的研究生教育体制不同，独树一帜。苏联研究生教育只设科学副博士研究生一个层次，研究生培养由高等学校和科学院系统分别负责，两大系统之间缺少必然联系。副博士通过研究生部培养，必须通过严格的副博士学位考试，并提交独创性的学位论文，通过答辩后，由最高学位评定委员会常务委员会审核后，授予"副博士"学位。而博士不需要脱产学习，在实际工作岗位上经过长期独立的科学研究，发表高深的有创见的著作或高水平的研究论文，通过论文答辩，经过最高学位评定委员会的审核后，授予"科学博士"学位。苏联研究生的培养要求严、质量高，在世界上得到广泛的认可。

2. 1991年苏联解体后的研究生教育

1991年年底苏联解体，俄罗斯作为苏联在法律上的继承国成为独立国家。随之俄罗斯进行了完全西化的社会转型。

俄罗斯社会转型时期教育领域的变革，并不是政治和经济领域那种"破旧立新"的颠覆性的变化。苏联时期国家包揽了高等教育的一切方面，社会的力量和大学内在逻辑力量在高等教育中的作用微乎其微。社会转型时期，随着市场经济体制的建立，社会的作用凸显。高校从依赖于包揽一切的政府转而直接面对由市场经济主导的社会。政府、社会和高校三方成为主导高等教育的新型结构。

1992年3月13日，俄罗斯联邦高等教育委员会通过的《关于俄罗斯联邦建立多层次的高等教育结构的决议》中，将高等教育分为三个层次，分别是不完全高等教育（相当于我国的大专或欧美的社区学院和短期技术大学，学制2～3年）、基础高等教育（相当于本科，学制4年）、高等教育文凭专家或硕士文凭教育（相当于我国的硕士，学制5～6年）。从教育结构设置上可以看出硕士这一层次的教育设在本科教育中，在教育统计中将学士、文凭专家和硕士归为一类，而副博士（学制3年）和博士（学制3年）层次的教育设在大学后职业教育（研究生教育）中，没有将硕士生归为研究生教育这一层次。硕士生被称为硕士大学生（студент-магистр），而不是硕士研究生。俄罗斯所谓的研究生教育（аспирантское образование）这一词组一般是特指副博士这一层次的教育。目前俄语中表示我们所称谓的研究生教育层次的词汇有三个，它们分别是：硕士生部（магистратура）、研究生部（院）（аспирантура）、博士生部（докторантура）。相对应的三级学位是硕士（магистр）、科学副博士（кандидат наук）、科学博士（доктор наук）。俄罗斯研究生教育包括副博士、博士两个层次或两级学位。按国际上所指称的研究生教育（硕士和博士）和考虑到俄罗斯硕士生教育的年限、水平等实际情况，我们将俄罗斯大学后职业教育称为俄罗斯研究生教育。

研究生教育是培养高层次专门人才的主要形式。高层次人才的培养是提高国家竞争力，促进科学技术进步，增强创新能力，促进经济发展的主要手段之一。俄罗斯研究生教育独树一帜，其教育结构、学位制度、培养形式与方法等独具特色。

1992年，在社会转型不断深化的形势下，高等教育领域的变革轰轰烈烈。改变苏联时期高等教育的单一结构建立了高等教育的多层次结构，并形成了学士、硕士、副博士、博士四级学位制度，培养不同层次、不同类型人才，以适应多样化的社会需求，是其重要表现。

但是随着高等教育国际化竞争日趋激烈和世界各国高等教育多样化、多层次化的发展，原有的人才培养体制的弊端和弱点越来越明显。它不仅与当今科技进步对多层次人才的需求相矛盾，也不能满足俄罗斯政治、经济和社会各个领域迅速多元化发展的要求。因此，为了使高等教育在市场经济条件下及时对市场需求做出灵活反应，为了与世界多层次高等教育接轨，加入欧洲统一教育空间，加强国际交流与合作，俄罗斯对高等教育结构进行了改革。

1992年《俄罗斯联邦教育法》将俄罗斯教育结构分为普通教育和职业教育两大部分。职业教育部分包括：初等职业教育、中等职业教育、高等职业教育和大学后职业教育。俄罗斯将中学后教育统称为高等职业教育，大学后职业教育则相当于原来的研究生教育。1992年3月，俄罗斯联邦科学、高等学校和技术政策部高等学校委员会通过《关于俄罗斯联邦高等教育多层次结构的决议》，同年4月，又颁布了《俄罗斯高等教育多层次结构暂行条例》，将高等职业教育结构分为不完全高等职业教育，基础高等职业教育、完全高等职业教育三个层次，设立了学士、硕士、副博士和博士四级学位制度。不完全高等职业教育学制3～3.5年，包括两年的学习和1～1.5年的职业培训，毕业合格者颁发不完全高等教育证书，不授予学位；基础高等职业教育学制4年，毕业合格颁发高等教育证书，并授予学士学位。完全高等职业教育有两种形式。在完全普通中等教育的基础上学习5～6年，毕业合格者获得文凭专家证书，并按所学专业授予相应的职业资格（沿用原来的证书制度）；在基础高等职业教育的基础上学习两年或在完全普通中等教育基础上学习6年，毕业合格者授予硕士学位。大学后职业教育，即研究生教育，包括副博士和博士教育，学制各3年，毕业合格者授予科学副博士和科学博士学位。高等职业教育的第三层次与大学后职业教育相衔接，即获得文凭专家证书和硕士学位的应届或往届毕业生在竞试选拔的基础上都可以接受研究生教育。

下图为俄罗斯高等教育（高等职业教育和研究生教育）学制

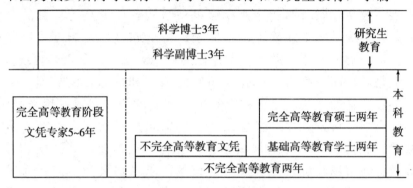

俄罗斯高等教育学制

目前俄罗斯的高等教育体制实行的是双轨制，一轨是文凭专家—副博士—博士（与苏联时期相同）；另一轨是学士—硕士—副博士—博士。也就是说，可以通过两种途径获得研究生教育，第一种途径是中学后经过 5～6 年的学习，获得专业文凭后，通过竞试进入研究生部学习；另一种途径是经过学士—硕士阶段（共 6 年）的学习，获得硕士学位后，通过竞试进入研究生部学习。俄罗斯硕士生教育属于本科阶段，是高等职业教育的第三层次，而我国和欧美国家都将其归入研究生教育阶段。

（二）硕士生培养的基本状况

"硕士"（Магистр）一词来自拉丁语 magister，其本意是师傅、能手，即有某一领域行家的意思。这一术语准确反映了"硕士"的应有之义。硕士生部和研究生部是俄罗斯高等教育结构中的两个层次，都是在学士阶段接受宽泛的高等教育的基础上，加深某一专业的培训和独立的科研活动，培养智力精英。虽然硕士生和研究生的培养方向和专业相似，但是二者有本质区别，首先，硕士生培养属于高等职业教育，而研究生培养属于大学后职业教育形式；其次，二者采用不同的教学大纲，培养硕士生的职业教育大纲由四年的学士职业教育大纲和两年的专业培养大纲组成，头四年学习基础知识，后两年掌握包括教学和科研在内的专业培养大纲。硕士生除按教育大纲学习基础高等教育知识和某一专业高深知识外，还要在学术导师的指导下完成旨在培养创造才能的个人教育计划。因此硕士生部一般只在具有科学流派，具有研究生培养资质，具有现代化科研设备和能够获得现代技术手段支持的高校开设。硕士生部的目标是培养科学和科学教育工作者，能够在科研和科学生产机构组织从事职业活动或在中学、中等专业学校和高校从事科学教育活动，能够在研究生部进一步接受教育。

1993 年 8 月 10 日俄罗斯高校委员会颁布《俄罗斯联邦多层次高等教育体系中硕士培养条例》，该条例规定，硕士生培养是在师资水平高和拥有现代研究设备的高等学校设立的高等职业教育的第三层次教育，接受高等职业教育并获得高等教育文凭者在入学考试的基础上都有权进入硕士生部，教育形式分为脱产和不脱产两种。脱产学制两年，由教学和科研活动两部分组成。教学部分按照硕士培养大纲和高等职业教育国家标准进行，需要开设哲学、学科历史课程和专业课，周学时不超过 11 学时，至少要通过 6 门课程的考试；科研部分由导师（必须有学位和职称，并且在本校工作）或一名至两名科学顾问指导下完成独立创作的学位论文和个人研究计划。读硕期间以脱产形式学习的学生有权掌握能保证获得"高等学校教师"这一补充技能的职业大纲的最低限度必修内容。毕业考试成绩可以作为升入研究生部的入学考试成绩。在国家授权培养硕士生的高等学校通过毕业论文答辩和毕业考试的学生可以授予其硕士学位并向其颁发国家式样的硕士毕业证。

在对硕士生培养内容和水平的最低要求中指出，某一专业的硕士生应该学识渊博、具有科学理论基础，应该掌握科学创造方法论和获取、加工、保存科学信息的方法，为日后从事科学研究和科学教育活动打好基础。硕士生应该善于发现研究课题，学会作出研究计划，能利用现代信息获取方法进行资料收集，会选择必需的研究方法，并可根据具体的研究课题改变现有的方法，研究出新的方法，还应具备根据已有资料对已获得结果进行加工、分析、思考，对所做工作形成结论的能力。

（三）俄罗斯硕士生培养的特点

第一，教学与科研并重。硕士生培养计划由比重相同的教学和科研两部分组成。教学部分包括加深专业基础的人文和自然科学课程、所选学科的历史和哲学课程、专业课，甚至还有获得"高校教师"补充技能的课程；科研部分包括学生参与基础科学、方法论和应用科学的研究、撰写学位论文等。2000 年第二代高等职业教育国家教育标准规定，硕士培养计划包括联邦部分课程、民族—区域（高校）部分课程、学生选修课程和科学研究工作四部分，硕士生阶段的总学时为 3 888 小时。可见，俄罗斯的硕士生培养既重视基础理论和专业理论知识的积累，又强调科研活动、动手能力训练的重要性。

第二，注重硕士生个人能力的培养，师资和论文质量要求高。硕士生课程学习以自学为主，每周不超过 14 学时，但必须通过至少 6 门学位课程的考试。硕士生的个人计划在导师的参与下制订，由系学术委员会审核，系主任审批，包括课程学习、自学、科研活动（学术报告、学年作业、参加学术会议、论坛、发表论文等）和毕业论文写作等内容。硕士学位论文是在导师的指导下独立完成的科研成果，论文应具有理论意义和现实意义，应加强和扩展专业理论和实践方面的知识，并且在实践中能解决具体的科研任务。硕士毕业考试和论文答辩要在由国家授权的考试、答辩委员会统一组织、公开进行。

硕士导师原则上须有博士学位或教授职称，副博士也可指导硕士，但必须有副教授职称，并且要经过校学术委员会的同意。硕士导师必须从事硕士所选方向的科学研究，讲授硕士的基础课或专业课，甚至要参与硕士教材或辅导材料的编写。每个导师所带的硕士生不能超过 5 名，一名教授或博士同时最多只能指导两个学科方向的硕士生。

第三，注重理论与实践相结合。硕士生培养计划中，除课程学习和科学研究外，还要求进行教学和科研实践的训练（11 周）。教学和科研实践活动可以在任何所有制形式的科研、科学生产机构和组织，国立和非国立的中等学校、中等专业学校以及高等学校进行。

硕士生培养制度的建立解决了苏联时期高等教育层次过于单一的弊端，扩大了不同层次青年选择接受教育的途径，有利于满足社会对不同层次、不同类型人才的需求，并且能够与世界教育体系接轨，增强参与国际教育交流与合作的竞争力。

（四）俄罗斯硕士生教育在高等教育结构中的地位

按照国际教育分类标准和 OECD 教育分类标准，俄罗斯硕士学位与欧美国家的硕士学位是对等的。我国学者王长纯、张丹华在《中俄学位对比研究》一文中作过类似的研究，其结论是，俄罗斯的硕士学位基本上相当于我国的硕士学位水平。但是俄罗斯没有将硕士生教育（应将俄罗斯的 Магистр 称为硕士生，而不是硕士研究生）列为研究生教育层次，而是归为本科教育层次，而且硕士生培养规模偏小。我们认为其原因主要有如下几点。

第一，俄罗斯历来重视高层次专门人才的培养，以要求严、质量高闻名于世，而硕士生教育脱胎于苏联的高等教育体系，与文凭专家的培养体制比较而言，无论在培养方法，还是在学制等方面都没有太大差别。

第二，苏联传统高等教育模式的影响。许多国家把中学后的教育，如美国的社区学院、英国的多科技术学院、法国的短期大学、日本的多科技术学院列入高等教育范畴，而苏联却把上述同一类型的学校划为中等专业教育范畴。1993 年颁布的《高等职业教育机构（高等学校）条例》才将培养不完全高等职业教育人才的专科学院（College）列入高等学校类型之一，1996 年的《高教法》却没有将专科学院列入高等学校类型，而 2001 年的《高等学校条例》则取消了这一类型。说明俄罗斯并不认可不完全高等职业教育这一层次的高等教育，仍将其归为中等专业教育之列，但在教育统计和学生称呼（Студент）上同西方国家的标准是一致的。硕士生教育也同样如此，俄国国内普遍认为硕士学位同专家文凭是对等的，因此将其归为本科生教育层次。

第三，文凭专家和硕士按不同的结构培养。文凭专家按专业培养，学士和硕士按学科方向培养。文凭专家授予专业资格，重视专业理论知识的掌握和实践能力的培养，培养高级专业人才，如医生、教师、工程师等；而学士和硕士授予学位，重视所选学科方向的宽泛基础理论知识和专业理论知识的掌握、科研创新能力的培养，培养专业面宽的通才，如文学学士、理学硕士、哲学硕士等。专业资格带有职业性，学位则带有学术性。显然，应用型专业人才的培养比学术型人才的培养更适应目前俄罗斯市场经济发展的需求。

第四，俄罗斯人传统思想观念的影响。大多数俄罗斯人认为，原有的本科教育培养的人才是具有高深理论知识和实际技能的高度熟练的专家。在人们的传统观念中，专家文凭是培养专业人才最好的形式。因此，学士和硕士两级学位在俄罗斯并没有得到广泛认可，从每年学士和硕士毕业生的数量可见一斑，2003 年学士毕业生 80 336 人，文凭专家 882 692 人，硕士 9 669 人，文凭专家与硕士的比例为 91：1。有的学者提出"没有硕士学位可以，但是必须有专家文凭"的口号。这是当前部分学者和普通大众的普遍心态，也是俄罗斯加入波洛尼亚进程后推行两级学制（学士和硕士）比较艰难的原因。

第五，俄罗斯实行硕士生培养体制的主要目的是为了适应国际高等教育的多层次教育体系，加强教育服务出口的竞争力，实现文凭和学位的国际对等，特别是为了加入波洛尼亚进程，实现"欧洲统一教育空间"计划。俄罗斯联邦教育与科学部并没有硬性规定有权授予硕士学位的高等学校必须建立硕士生培养制度。目前选择就读硕士学位的多是外国留学人员和准备出国就业和留学的俄罗斯人。实际上早在硕士生培养制度出台之前，外国留学生在苏联大学毕业，拿到的英文版学位证书就是硕士学位证书。

另外，实行硕士培养制度后，在俄罗斯社会劳动分配体制中，并没有及时出台对硕士毕业生这一级新型人才的劳资分配规则。所以，俄罗斯人从就业角度也不看好这一级学位。

1992 年《俄罗斯联邦教育法》将俄罗斯教育结构分为普通教育和职业教育两大部分。其中职业教育部分包括：初等职业教育、中等职业教育、高等职业教育和大学后职业教育。大学后职业教育包括副博士和博士两个层次的教育，学制各 3 年，授予毕业合格者科学副博士和科学博士学位。1992 年 3 月俄罗斯联邦科学高等学校委员会通过《关于俄罗斯联邦高等教育多层次结构的决议》，将高等职业教育结构分为三个层次，不完全高等职业教育，基础高等职业教育，完全高等职业教育。这样俄罗斯高等教育体系形成了学士、硕士、副博士和博士四级学位制度，但是硕士属于高等职业教育，即本科教育阶段。因此，俄罗斯研究生教育只包括副博士和博士两个等级。

俄罗斯研究生教育学制

二、社会转型时期俄罗斯研究生教育的特点

第一，高等学校在研究生培养中起主导作用。俄罗斯研究生培养机构分为高校和科研机构（科学院和部门科研院所）两部分。与苏联时期相比，俄罗斯科研机构承担培养研究生的规模偏小。

第二，研究生培养形式以面授（脱产）为主，函授（不脱产）为辅。苏联时期研究生培养形式多种多样，既有脱产面授研究生部，又有不脱产函授研究生部，既有定向研究生部，也有一年制研究生部。俄罗斯的函授研究生教育只是指副博士这一层次的教育形式，因为博士研究生部只有脱产面授形式。苏联解体后，实行市场经济体制，人才自由流动，原有的国家指令性研究生分配体制瓦解，研究生毕业后自主择业，因此取消了定向研究生部和一年制研究生部。苏联时期函授、研究生比重占研究生总数的一半以上。

第三，研究生培养方法以科研为主、课程学习为辅。2000 年俄罗斯联邦教育部批准的《大学后职业教育国家教育标准》规定，研究生（副博士）培养计划分为课程学习和科学研究两部分。课程学习时间为 1 080 小时（20 周），其中包括必修课、选修课和教育实习，而科学研究时间为 6 480 小时（120 周），其中包括科研训练、撰写学位论文和答辩，科研与课程学习的比例是 6∶1。博士生的培养既不要求课程学习，也不要求学位考试，而是集中精力进行科学研究。撰写和答辩学位论文。

第四，考评制度严格，学位论文标准高。研究生在导师（学术咨询者）的指导下制订个人学习计划和确定论文选题。导师、教研室（实验室）、校（系）学术委员会定期对研究生个人计划的执行情况进行考核鉴定，按期完不成计划者从研究生部除名，副博士生必须通过副博士资格考试。除此之外，学位论文的标准要求很高，不但要有创新，有理论和现实意义，而且要解决相应知识领域具有重大意义的科学课题或阐明了技术上、经济上或工艺上有科学依据的研究结果——它们对于发展经济或保证国防能力具有重大意义。在论文答辩的程序和审查鉴定方面制定了严格的制度，实行四级考评制。首先教研室（实验室）进行预答辩，然后学位论文答辩委员会预审、答辩，最后由最高评定委员会审批。

实际上，转型期俄罗斯研究生教育以科研为主、学位论文标准高、考评制度严格等培养特点，是继承了苏联时期研究生教育的培养特色。

三、俄罗斯研究生教育发展过程中存在的问题及对策

（一）俄罗斯研究生教育发展过程中存在的问题

多年以来俄罗斯高层次人才（副博士、博士）培养体系在国内外享有较高的声誉。但是目前该体系出现了一些问题。

1. 俄罗斯研究生培养效率低下

俄罗斯平均每年只有1/3左右的副博士研究生班和博士研究生班的毕业生通过毕业论文答辩。

另外，大多数高校研究生教育的政策目标是扩充培养研究生的专业目录，其中对于该校来说某些专业是非擅长的，特别是积极开设教育服务市场畅销的社会人文专业。许多技术和工程高校社会人文学科的研究生比例达到30%以上。在普通高校的教研室具备一名或两名在编博士的情况下开办研究生班。

2. 副博士研究生年龄结构年轻化，而博士研究生的年龄结构老化趋势明显

据调查，2003年副博士研究生中26岁以下的占总数73.3%，而博士研究生中39岁以下的博士占总数的38.2%，50~59岁的博士生高达19.1%。2002年获得副博士学位的平均年龄为35岁，博士学位为51岁。目前最紧迫的问题是科研和科学教育人才的老化，近些年年轻副博士数量的相对增长主要集中在教育部所属的部门（占60%），而科学院系统年轻副博士的数量近些年下降了，并且人才流失（内外流失）严重。大部分研究生毕业后去国内的行政和企业机构工作或出国谋职，而不从事科学研究和教学工作，造成科研部门研究人员和高校师资的明显不足和年龄结构老化。

3. 研究生培养机构和培养规模地域分布不平衡

研究生培养主要集中在中央区和西北区，其中位于中央区和西北区的莫斯科市和圣彼得堡市在研究生培养体系中占绝对优势。俄罗斯联邦分为七大联邦区，分别是中央区、西北区、南方区、伏尔加区、乌拉尔区、西伯利亚区和远东区。研究生教育主要集中在俄罗斯联邦经济最发达的地区——中央区和西北区。近些年，中央区和西北区的在读研究生的人数逐渐下降，而其他地区逐步增长，研究生教育地区分布朝合理化方向发展。2003 年与 1994 年相比，中央区和西北区的副博士研究和博士研究生人数所占比例下降。其他五个地区得到相应的增长。

4. 女博士研究生的比重明显上升

女副博士研究生的比重比较稳定，但是所选择的专业方向主要集中在社会人文学科。如：艺术学、药学、建筑学、哲学、政治学博士学位的女研究生比例较高，而物理、数学、技术学科授予博士学位的女研究生比例偏低。女博士获得学位比例增长最快的学科是政治学、药学和教育学，博士学位获得者中女研究生在哲学、建筑学、药学、心理学、艺术学、教育学所占比例也较高。社会人文学科单性别人才比例过高，会造成恶性循环，致使该学科威信下降，不利于该学科的发展。

5. 高校研究生导师科研水平亟待提高

据俄联邦教育与科学部的数据，Web of science 统计的俄罗斯学者发表的科研论文约 $70\% \sim 80\%$ 是俄罗斯科学院科研人员发表的，约 10% 的是莫斯科大学发表的，而剩余的是其他高校和科研院所的工作者发表的。对于许多高校来说开设研究生部是展示科研积极性的唯一因素。其实，大部分高校教师不从事科研活动，国立高校教师人均科研经费额是最少的，而科研部门人均科研经费和企业部门人均科研经费较高。

（二）解决研究生教育存在问题的对策

1. 具体措施方面

针对近些年研究生培养质量下降的情况（特别是研究生学位论文质量下降，论文答辩率低，毕业后不从事教学或科研工作的占多数），俄罗斯联邦教育与科学部采取了一系列措施：严格执行论文评审和学位授予程序；实行新的副博士资格考试大纲和科学工作者专业目录；加强学年末研究生科研计划执行情况的审核力度，严格执行研究生学年评定不合格者的开除制度；取消高校和研究机构培养效率低的研究生部和博士生部，在国家招生计划（控制数字）中限制专业招生数量等。

2001 年俄罗斯联邦教育部最高评审委员会主席团重新调整了论文答辩委员会基础网络，引起当年的论文答辩数量下降，但是从 2002 年起又恢复了快速增长。2004 年教育部最高评审委员会主席团共批准了 3 953 个博士学位和 26 888 个副博士学位，与上一年相比分别增长 15.8% 和 5.8%，社会人文学科博士论文和副博士论文分别占总数的 34.4% 和 47%。2003 年教育部最高评审委员会暂时停止了 11 个论文答辩委员会的活动，并对 43 个论文答辩委员会提出警告，审核的博士论文不合格者占 7% 左右，副博士论文占 3%。2004 年 7 月最高评审委员会主席团决定博士论文的主要成果答辩前必须刊登在最高评审委员会公布的核心期刊上。

2005 年最高评审委员会向俄联邦教育与科学部提出建议：在科学干部培养体系中取消博士生部的设置；停止效率低下的研究生部的活动；严格限制每位科研导师指导的研究生和校外学位申请者人数不超过 5 人；严格执行研究生第一学年后评定不合格者的淘汰制；根据高校和科研机构研究生部培养研究生的效率和国家人才培养的优先方向，确定研究生招生（控制数字）的灵活性。

2. 政策与法令层面

为了提高研究生教育质量，特别是提高校外副博士学位申请者的知识深度和广度，俄罗斯联邦教育部 2004 年 2 月 17 日发布实行新的副博士资格考试目录的命令，确定了与论文题目相关的专业课、外语、学科历史和科学哲学三门课程考试，并根据研究生教育大纲和按照俄罗斯工业和科学部 2004 年 2 月 26 日公布的新的《科学工作者专业名称表》（23 个学科门类和 397 个专业方向）培养高层次的专业人才。

苏联解体后，高层次专业人才的培养一直按照苏联时期高等和中等专业教育部和部长会议最高评定委员会发布的《关于在连续教育体系中培养科举教育和科学干部》命令执行。1995 年 5 月 31 日，俄罗斯高等教育委员会批准了《关于俄罗斯联邦科学教育和科学干部培养的条例》，这是俄罗斯联邦首次通过的研究生培养条例。1996 年俄罗斯以联邦基本法的形式颁布了《俄罗斯联邦高等和大学后职业教育法》。规定了研究生教育的层次结构、培养形式、学习年限和研究生享有的权利等。1998 年 3 月 27 日俄罗斯联邦教育部颁布了新的人才培养条例，即《俄罗斯联邦大学后职业教育体系内科学教育和科研干部培养条例》，2002 年 1 月 30 日俄罗斯联邦政府批准了新的《学位授予程度条例》，2002 年 4 月 11 日俄罗斯联邦教育部批准了《俄罗斯联邦教育部最高评审委员会条例》。这一系列法令法规为俄罗斯研究生教育和学位制度的制度化、体系化、科学化奠定了基础。虽然俄罗斯有关研究生教育的法令法规层出不穷，体系较为完备，但是存在着未完全落实或落实不到位，有法不依、执法不严的现象，这不可避免地成为研究生教育变革的牵制力量，降低了研究生教育的培养质量。

　　俄罗斯研究生教育在为国家培养了大量的高层次专业人才，并且其规模持续快速发展的同时，研究生教育体制还存在许多问题。如高层次专业人才培养规格不适应当前市场经济条件下的人才需求，高校系统和科研系统相分离，高校缺少自主经营权和经济自主权，科研物质技术基础薄弱，研究生教育质量下降，研究生教育师资年龄老化等。俄罗斯研究生教育必将随着国内社会政治，经济、教育体制变革的不断深入和高等教育国际化的影响不断进行调整和改革。俄罗斯研究生教育的基本培养模式尚未定型。

第四章　俄罗斯教育改革

一、俄罗斯教育改革的背景

苏联解体后的俄罗斯政府是在一种极其复杂和困难的形势下于1992年年初着手实施激进的经济改革的。经济改革的主要措施包括：①价格全面自由化；②国有和市有企业私有化；③稳定财政，限制货币量；④贸易非垄断化和商品化；⑤大幅度削减预算支出；⑥实现一定范围内的经济活动自由化；⑦将竞争机制引入生产资料市场等等。1992年6月，俄罗斯政府颁布《深化经济改革纲领草案》，把上述内容的改革具体分为三个步骤：①1992～1993年侧重自由化和财政稳定，并着手改革教育；②1994～1995年大规模私有化，持续恢复国民经济，使总产值达到经济危机前的水平，继续教育改革；③从1996年起，开始振兴经济，使国民收入增长速度不低于3%～4%。

俄罗斯这一阶段的改革大体上是按计划进行的。基本上废除了行政命令管理体制，市场经济的基础已初步形成，财政和货币制度得以保存和稳定下来，大多数居民不同程度地参与到私有化的进程之中。然而，由于决策方面的诸多失误，旧体制所形成的惰性以及局势的动荡，使俄罗斯的经济改革远没有达到预期的目标。相反，经济形势不断恶化，危机持续发生，而且失业率增大，治安恶化，犯罪率上升，居民生活水平急剧下降，贫富悬殊。这一切社会不稳定因素仍直接困扰着俄罗斯的改革进程，无疑也对教育造成巨大的冲击。

二、俄罗斯教育存在的问题

尽管教育系统的改革在紧锣密鼓地进行着，但到处都能发现与社会发展现阶段的客观要求不相一致的地方，虽然形式和程度不一样，但对教育日益增长的社会需求与满足这种需求的现实可能性之间的鸿沟到处都存在着。

在不同的国家中改革具有独特的民族色彩。改革的方向、改革的优先方面、改革的深度以及进行改革的方式，都是由某个国家的具体条件决定的。同时，改革也存在着一些不变的方面，它们反映着国家民族的教育系统所面临的共同的综合性任务。

俄罗斯的成人教育系统也面临着严重的、未解决的问题。对成人的教学，几乎到处都是按照以儿童和青少年为教育对象设计的中学教学大纲进行的，最多在教学方法上稍有差别。由于没有充分地考虑到成人教学的生理、心理特点，这样的教育既对教学过程本身，也对教学效果产生了消极的影响。

俄罗斯的教育系统正在融入到世界教育空间中，符合人道性、开放性、质量取向、为知识社会打基础的原则。但是，教育系统的根本改革，由于它的复杂性，还存在许多病态和深刻的矛盾。

第一节　俄罗斯教育政策的改革

一、引入市场竞争机制和教育经济化

应当说，正是俄罗斯计划经济的转轨改革将俄罗斯的教育推向了市场经济大潮之中。众所周知，苏联实行高度集中的经济管理体制，其特点是经济管理权限高度集中化，经济管理高度行政化。它的财政体系包括物质生产领域、国家预算和非生产领域三大块。国家预算处于中心地位，通过预算把大量资金集中在国家手中以解决全国性的重大经济任务，企业的绝大部分利润上缴财政，再无偿获得预算拨款。对非生产领域则是由国家预算以满足对资金的需求。

作为非生产领域的国民教育的经费一直以国家财政预算拨款为最主要来源，并且它在国家财政预算中所占的比例一直是递增的。

教育经费的匮乏直接影响到教育领域各项机制的正常运转。普通学校少得可怜的行政费、事业费和基建费根本无法保障必要的物质基础。多数学校物理教研室演示设备不足65%，实验设备不足55%，全俄有22%的学生就读两部制学校，有6万学生在三部制学校读书。职业学校由于经费不足，连续三年多没出过一部教学电影，有一半多的课程没有教科书；一半以上学校低于每人6m²教学面积的标准，机床和设备严重老化，只有26%左右符合现代化标准。许多学校甚至被迫取消了，即使在1941—1945年二战期间都未被破坏的学生免费午餐制度。

高等学校的财政危机就更加突出，其财政赤字随着高教预算拨款的减少而成反比的上升。高校师生极大不满，以至于许多高校集中的城市出现了大学生上街游行示威，教师罢教抗议的局面。教育工作者工资待遇低一直是俄罗斯政府面临的棘手问题。一贯处于各行业劣势排位的教师工资只相当于工业部门平均工资的65%～75%，一份区域性调查表明，在13个社会经济行业领域中，教育行业的工资水平排在倒数第二。上述443号总统令即便兑现，高校教师的工资也达不到生产领域工人当时的平均工资（五万卢布）的水平。而且由于财政危机，政府拖欠教育经费和工资的现象愈演愈烈。

然而，口头上的呼吁和行动上的抗议，都无法根本摆脱俄罗斯经济危机条件下的教育财政困境。种种迹象表明，俄罗斯教育必须在市场经济改革的颠簸中寻找赖以生存、发展的途径。那么，在国家预算内拨款无法保证的情况下，多渠道、多方式寻求预算外资金则是教育参与市场竞争向经济化发展的显著特点。它在不同的教育领域中具体实施的措施又不尽相同。

1992年颁布的俄罗斯《教育法》曾载明：国家财政为教育拨款的主渠道、每年教育经费不得少于国民收入的10%，同时又规定了可以获得补充资金的多种途径。如：（1）有偿提供补充教育服务。包括向居民提供有偿讲授某些专业课程和学科知识的服务性补充教育；有偿为学生开设教学大纲之外的扩大知识结构的某些科目；教育咨询劳务性收入等。（2）从事企业经营活动。包括销售和出租教育机构的固定资产和财物；独立或合作进行生产、加工等经营活动；提供中介服务，以股份形式参加各种机构、组织和企业的活动；购买股票以及其他有价证券以使本金增值等。（3）社会集资办学。包括个人办学；社会慈善组织、工厂、企业、公司办学；其他赞助者，支持学校办学。Спонсар 一词是 90 年代俄语中出现的新词，源于英语 Sponsor（赞助者），它也一直是学校中的常用语。赞助者可以是个人或集体，不分性别、年龄、职业和国籍，赞助金额可多可少，国家对赞助者有一系列优惠政策，如税收优惠。

关于多种渠道筹措所得的资金，《教育法》规定，如果所得资金没有直接向本机构再投资或用于保证、发展和完善教学过程的直接要求（包括工资），则应视为企业经营性活动所得而受国家《经营法》约束。这在间接的意义上表明：学校有权将所得资金自行支配用于学校建设和与教学教育相关的各个方面。正是这一点极大调动了学校的筹资积极性。近几年来，在具体实施上述的多渠道筹资途径过程中，普通学校、职业学校和高等学校又根据自身的条件和优势，寻得了一些有特点、有倾向性的获取预算外资金的途径。

（1）普通学校竞相改变自己的所属身份以谋求财源。进入 90 年代俄罗斯城市中陆续出现了一些由普通学校变成的文科中学、实科中学，不少学校变为实验学校、各类高校的附中等。从教育发展与大环境上看，这些学校的出现正是当局提倡多样化、民主化、自由化的具体体现。而从学校本身利害关系的变化中看，我们又不得不承认，这又是教育经济化的产物。实科中学和文科中学（гимназия 和 лицей）从地位和性质上看，大体相当于我们的一般重点中学和高级重点中学。根据有关规定，由普通学校变为高级重点中学（有人按音义译成"利才学校")其隶属关系由区属升为市属。学校经费在原来基础上再提高15％，教师的工资自然也相应提高15％。原来只准使用国家统一教学大纲的单一模式被打破，学校有权在众多的大纲、教材版本中选择使用，如果是实验研究性质的大纲和教材，则编制实验材料的一方应付给使用方教师25％的附加工资，如果整个学校的教学全部按某种实验大纲进行，则这个学校被称为"独创性学校"（авторская школа），能从实验方获得更多的补充资金。而如果普通学校挂靠某所工科大学，成为加深相应学科的附中，则该学校可以从这所大学获得相当可观的追加费用。如莫斯科1027学校于1990年成为莫斯科动力学院附中并更名为利才学校，除市教育局拨款外，莫斯科动力学院每年还再拨十倍经费。因此，该校的设备是一流的，教师、学生待遇也大大高于一般学校。目前普通学校改变属性的势头很猛，尤其是争先向重点学校靠拢，特科学校，一般重点学校和高级重点学校的数字已经翻了两番，而且还在持续增加，因为这种改变既能提高经费拨款数额，又能提高学校的社会声誉以吸引更多更好的生源、财源，可谓社会、经济效益双丰收。

（2）职业学校纷纷以生产养学校。如果说"不得从事商业活动"是许多发达国家对学校教育机构的明文规定的话，那么，使学校向商业化生产倾斜则是俄罗斯职业学校目前用以维持基础教学经费的有效方法。以一省会城市文尼察市第十一职业学校为例，80年代后期它是全城有名的落后学校，由于资金缺乏、物质基础极差、教学车间破旧不堪、无法适应边教学边生产的特殊需要，长期处于一种教学质量低、经济效益差的境地。1989年，学校贷款建立了以生产彩电元配件为主的"电子"教学生产联合体，选择既能使教学大纲上所有内容都得到实践，又是市场急需紧俏的产品作为生产对象，从基地企业和高校聘请有经验的教师和生产训练师傅进行理论与实践教学，并广泛与企业签署订货合同。结果，仅用四年时间，学校的生产活动规模就从一万卢布增加到两亿卢布，成为全省职业学校中闻名的"百万富翁"。良好的效益使学校的名声大振，一举成为同类学校竞争中的强手。目前，在职业教育领域，这种以生产养教学、以教学促生产的经济化模式，已被越来越多的学校用做"持家"之宝。

（3）高等学校普遍扩大招收自费生的比重。自费生的含义在苏联解体前实际上是合同生的意思。学生的学习费用由与该生签订合同的机构提供，学成后必须回到该机构工作，这类新生的名额含在计划内招生数中，约占控制数的30%，个别专业可放宽到50%，但总数不能超过30%。1992年5月，叶利钦签署了一项决定，给高校以最大自主权，高校随意与谁签合同均可，且数量不限。于是许多高校尽量减少公费生，而用定向合同上或自费生填充招生计划，有些学校甚至把"没有资助单位"的考生（亦即公费生）招生数压缩到30%。这虽然增加了学校的财源，但在一定程度上限制了有才华的学生利用公平竞争途径进入大学深造，从而导致教学质量以及毕业生质量的下降。再就是这个时期本意上的自费生，即自己掏钱念书的学生出现了。这种自费生不占计划内名额，其数量多少由学校根据自己的师资和设备条件确定。各学校的收费标准各不相同。这类自费生绝大多数是外国人，学费均以美元支付。虽然校方收取的学费远低于西方有偿高等教育的收费标准，但在通货膨胀正盛的俄罗斯，将这些美元折算成卢布数字就相当可观。别的不说，仅分布在俄罗斯各地的中国自费生就多得难以统计。他们的学费一般是预科、本科阶段每年1 000美元左右，研究生1 200～1 500美元左右。应当说，招收外国自费生是俄国高校走向市场经济的代表性举措。因为，历来以社会主义老大哥自居的苏联都是以救世主身份免费招收外国留学生。此外，随着原各加盟共和国正式独立，俄罗斯政府已决定逐步实行向独联体国家学生收费的制度，而这对于学校来说又是一种财政来源。

（4）高校科研经费分配引入竞争机制。在努力挖掘预算外资金的同时，俄罗斯的高教领域也在探索如何更有效地利用预算内拨款，如何在经费的使用上体现市场竞争特点的最佳途径。其中有典型意义的举措是将竞争机制引入高校科研经费的分配方式中。由于教育财政吃紧，各校的科研也受到相当大的打击。经费的不足使许多有重要意义的科研项目无法完成。从 1993 年起，俄联邦高校领域开始进行科研经费划拨的改革试点，对基础科学研究领域的国拨经费实行竞争分配的原则，具体称为国家预算拨款的竞争分配制，即"资助费竞争体系"（гратов 为新词，由英文 GRANTь OF 而来）。1993 年 4 月颁布的《国家高教系统组织资助费竞争暂行条例》中指出，资助费体系的建立旨在通过竞争提高高校基础科研的质量水平，资助费用于高教部所辖高校的所有基础科学领域的科学研究，从高等学校的国家预算经费中拨出。资助费竞争体系的具体做法是：高教部将由其审核批准的某具体高校提出的某类基础科学研究课题予以公布，供其所属各高校的相关科研集体参与竞争，同时指定该学科领域权威的学校负责协同组织和审核竞争结果，最后报请高教部高校科研计划与财政管理司审批。如 1993 年 6 月，关于大地测量学与制图学领域基础研究资助费的竞争，就是先由莫斯科国立大地测量与制图大学提出该领域的五个科研题目，并由高教部明令指定该校一名副校长，也是该领域资深学者任竞争学术指导，然后展开竞争，规定部属院校均可参与竞争，而拨给来自一所高校的竞争优胜者的经费不能超过此次资助费的 10%，亦不能超过划给任何一项课题资助费的 25%。这实际上体现了竞争基础上的机会均等原则，从而打破了以往重大科研课题总是被少数几个重点学校"抢走"的铁饭碗格局。实践表明：实行资助费竞争体系不但能提高科研的质量水平和时间效益，而且还能调整、加强高校之间的科研协作关系，提高社会经济效益。1994 年 8 月，俄罗斯高教委批准成立了"发展资助费体系国家预算拨款分配竞争委员会"，负责资助费竞争体系的组织、管理工作。由此可见，这种科研经费的分配方式会越来越规范化、普及化。

随着俄罗斯整个社会市场经济化的普及和深入，俄罗斯教育的经济化趋向也越发明显，涉及的范围也更加广泛。各级各类学校挖掘潜力扩充预算外财源的路子越来越具体、多样，效果显著。

由于整个社会经济大环境还没有完全好转，所以国家与政府不可能在短时间内完全解决教育财政的危机问题。因此，在相当长的时间内仍会是俄国教育各领域保生存求发展的十分重要的内容。了解俄罗斯教育在改革大潮中如何转向市场，对我国的新时期的教育改革大有裨益。

第二节　俄罗斯师范教育的发展改革及背景

一、师范教育的发展与改革的背景

1. 国际形势下的师范教育

在国际社会风云莫测、科学技术突飞猛进、生产方式急剧变革、生存环境日益恶化的当今时代，整个国民教育体系，包括师范教育体系，不断显示出其形式、内容等方面的不适应性，许多问题已经到了不得不解决的地步。与此同时，世界教育的大发展、终身教育、国家教育与世界接轨等一系列具有国际普遍意义的问题的尖锐化、迫切化，亦将俄罗斯教育推向了势必改革的轨道，俄罗斯的师范教育就是在这样的背景之下进入改革大潮。

教育是一项极为复杂的培养人的社会活动。每个人的培养质量和受教育水平直接关系到整个社会的发展和进步。师范教育是培养教育者，即培养参与教育活动并在其中起主导教育作用的专门人才的活动，这些人担负着文化繁衍的重任，决定着每个社会成员乃至全社会的职业好坏和社会地位的高低，决定着社会各领域的进步前景。因此，师范教育不但与国计民生息息相关，而且具有决定性意义。社会对教育人才的培养要求应是不断变化、不断提高的，在社会改革时期，对人才培养规格的及时调整和高标准要求意义尤其重大。改变传统刻板的教育体制，使其成为持续发展的、开放的教育体制，使学生参与解决教育自身问题及社会文化问题，就必须改革师范教育，必须使师范教育培养的教师符合教育发展的总体要求。

顺应世界教育的总体发展趋势，俄罗斯的师范教育也在不断朝着更高级的水平方向发展。中等师范教育作为职业终结性教育水平的职能越发减弱，中等师范教育在全国的覆盖率呈缩小趋势，多级教育体制的实施使中等师范教育环节逐渐被中等完全普通教育和高师教育（或高专）代替，后者所占比重日益增大，越发成为师范教育体系的主要部分。

2. 俄罗斯师范教育改革的必然性

苏联时期的师范教育功不可没，它为国家培养了大批优秀的教育人才。但是，师范教育体系存在的矛盾和问题，已经成为俄罗斯社会转型过程中教育如何更好地服务于社会发展所不可忽视、迫切需要解决的问题，即要解决教育人才培养与社会需求之间的矛盾，这些矛盾主要表现为：

①培养规格与方向方面：随着社会和国家对个性化教育专门人才的需求加强，各级各类新型学校的出现，原来主要倾向于职业专才的培训活动越发显露出与现实的不适应性——人才规格种类少；受教育程度结构单一；学习周期长；长期集中于传统的师范专业，即基础教育学校必须的数理化、语文、外语、生物、地理及音体美等课程师资的培养。使成才（学校毕业）与人才（社会需求）之间产生矛盾，未来教师的职业（而不仅仅是专业）适应性能力差，无法及时有效地适应社会现实的需要。

②培养的内容方面：随着教育科学与所有关于人的科学协调一体化功能的加强，科学至上与人文精神之间的矛盾明显——以统一的教学思想培养教师、统一安排教学工作；教学培训主要以学科教学法培训、政治思想培训为主；教师的理论培训和实践培训只在形式上统一，内容衔接上仍然脱节；师范性与学术性的互补和结合存在局限性。造

成所培养的教师只掌握其所教学科的技能，缺乏创造个性和开阔的科学视野，不利于未来教师素质的全面提高，使培养富有创造精神并能促进学校教育发展的教师的培养目标没有真正达到。

③培养的方法方面：统一规格的教师用统一的、大众化的教育方法培养学生；在实践中缺少并不善于进行突破传统教育学说、教育法规法令的教育创新活动。使得教师个体的基本文化素养不但没有充分向更高水平发展，而且所教出来的"成长的一代"亦缺乏个性积极性和创造性。

④师资队伍的建设与管理方面：教师进修制度的内容、方法及组织结构上刻板统一；教师多数情况下没有自主决定权，与多样化教育需求相矛盾；教师的资格提升与评价方式依据统一的标准，不但不能"不拘一格降人才"，而且有悖于各尽所能，按劳分配原则的本义。结果使教师教学、进取积极性受到压抑，教师通过进修所获得的创造性进步微乎其微。因此，师范教育的改革提出了所要实现的一系列有战略意义的目标，主要包括：①建构个性化的师范教育观；②创建多级结构师范教育体制；③实施师范教育学科门类及专业的标准化为整个师范教育体系的活动建立法律保障；④更新师范教育内容；⑤发展继续师范教育网。

二、师范教育的个性化发展

追求教育的民主化、人道化、个性化、非政治化、多元化以及个别化、区域化等是90年代初俄罗斯提出的教育"新思维"的主要内容，涉及教育目标、教育体制、教育内容、教育手段、教育管理等多个方面。单就个性化而言，是指力求使学生的个性倾向性得以充分发展，避免个体发展都局限于刻板、划一框架之内，以至于限制个性的充分发展。个性化教育教学观点的主要理论依据是维果茨基、列昂捷夫、艾利康宁、达维多夫等人有关个性发展的文化历史学说及活动观。该文化历史学说强调，人的个性发展、人的高级心理机能的发展是在与周围人的交往过程中产生与发展的，是社会历史文化发展的产物，受社会规律制约，存在差异性；人的心理发展实际上是将社会历史文化经验进行内化的过程；活动是完成内化过程的必要形式，而内化过程的结果是个性心理实现真正的发展，因此教育教学过程应当是发展的过程、活动的过程。

师范教育的个性化构想是在 1992 年召开的全俄教育管理机关领导会议上提出来的。这一观点实质上是力图改变以往主要把教师的培养目标定位于培养学科教学技能的做法，解决师范生在掌握学习活动与形成个人自主教育观点之间存在的矛盾。过去的师范教育模式是"掌握好你的科目，把它讲解清楚"，新的模式要求"掌握好教学方法论，要严格遵守并灵活运用它"。显然，新模式"新"就新在提倡以自身掌握的教育方法论和教育手段为依托，强调实现个性的自我发展、自我实现，讲授课程不是最终目的，只是未来教师个性发展的手段；师范生个人教育观点的形成可以通过自己选择的受教育方式来实现，并在这个过程中有机协调好自我教育、反思学习、与老师、同学们的讨论以及进行协同研究工作等各项活动。

此外，一名合格教师所应具备一些重要的职业品质具有普遍意义，不受其所接受的培训类型和工作地点的约束，归纳起来也包括五点：（1）实现既定教育学目标的能力；（2）分析教育学情境的能力；（3）设计并组织效果良好的教育过程的能力；（4）帮助学生在个体之间相互影响、交往过程中形成与其年龄相符的意识、思维和活动的能力；（5）对教育活动的过程与结果的教育学反思能力。

总之，教育的民主化、人道化、人文化精神在师范教育领域中的贯彻和体现，实际上是教师培养的外在模式和内在规格向个性化要求转变的过程，是将传统的范例教学向个性倾向性教育转化的过程，是使处于"回答者"地位、仅仅是教育作用客体的学生向完成其自我发展、自我实现的教学转化的过程。这一综合过程的实现要求必须更新教育内容、确立新的教育标准、研究并实际运用创新教育方法，为教育者实践其教育创造力提供实际条件。而强调师范教育的个性倾向性观点，是要明确教育过程的中心任务是实现受教育者的个性发展和兴趣发展，从而培养出真正能够实现自身发展并促进学校发展的新型教师。这一中心任务决定了师范教育的结构和类型必须多样化；师范专业的增减与调整必须冲破传统模式；更新的教育内容不但要更丰富，而且要为学生及其家长选择学校类型以及所学课程或教科书提供切实可行的参照依据。

三、高等师范教育向多级结构转轨

在市场经济条件下，随着生产技术的不断更新，新的职业、新的工种不断出现，对人才培养的教育内容和教育方法都提出了新的要求。以不变应万变的单一结构体制（苏联的高等教育体制）由于不能及时适应新的要求，不能为社会培养善于适应新情况、能从事多种工作的多面手人才，所以其职业教育的效果明显降低。而且，这种结构的教育体制只照顾中等水平的学生，不能考虑优生和差生的发展水平，使通过不间断的普通教育和职业教育体系发展学生的创造个性、创新思维和创新活动的宗旨无法实现。因此，只有确立一种连续教育制度和多级结构的高等教育体制，才能使每一个社会成员都能享受到确定水平层次的教育服务，从而保证他们的基础教育水平和职业教育水平同其社会发展需求相适应。

多级结构高等教育体制是 1992 年 3 月 13 日俄罗斯联邦科学、高等学校和技术政策部附属的高等学校教育委员会下发的 13 号决议"关于建立俄罗斯联邦高等学校多级结构教育体制"中通过的。随后多级结构高等教育体制逐渐在俄罗斯各高校试行。1996 年 8 月俄罗斯第一部高教法令《俄罗斯联邦高等和大学后职业教育法》颁布，以立法形式明确了俄罗斯高等职业教育由学习内容和期限各不相同、但又相互衔接的三层次的教育和职业培养大纲组成。

第一层次为不完全高等职业教育阶段，未修完基础高等职业教育大纲，但已通过期中考试且学习时间不少于两年者，获不完全高等教育证书。第二层次为基础高等职业教育阶段，近似于原来大学本科教育，是高等教育的基础，学习四年毕业，获"学士学位"证书。第三层次为完全高等职业教育阶段，在基础高等职业教育层次上有两种形式：继续学习一年毕业者，获"高等教育专家"证书，按所学专业授予相应的职业资格；进入硕士研究生部学习两年毕业者，授予"科学硕士"学位。多级结构教育体制中的不完全基础教育、普通文化教育和基础自然科学教育对职业教育具有相当重要的作用。受教育者有权利也有可能在任何一个受教育阶段超越教育体制的约束更换学校，以及在掌握相应教育内容后获得各个层次的资格证书：基本高等教育——"不完全高等教育"资格证书；基础高等教育——"学士"资格证书；完全高等教育——"硕士"资格证书。同教学年级划分相关的多级教育结构内容分为两部分：教育性职业内容，旨在促进学生的一般发展，并保障其掌握基本文化知识；职业性教育内容的目的是使学生掌握具体的专业知识。

多级结构高等教育体制的优点也是其主要特点之一：横向结构（按教育年限）和纵向结构（教育性职业培训和职业性教育培训）相结合。使本质各异、但质量很高的每一阶段的高等教育用文件确定下来，把对社会优秀人员和对业务水平一般的专业人员的培训有机地结合了起来。从而从不同角度显示出优于旧结构体制的特点：对个人来说，可以自主选择与自己的智力水平、社会文化需求及经济需求、素质及个体能力相适应的内容、程度以及途径，接受高等教育。一些人可以花钱（直接支付或通过税收）接受培训，使自己成为社会需要的人才。对社会而言，由于国家保障公民选择各种结构和形式接受教育的权利，同时有市场经济的调节作杠杆，就可以保证在最短的时间内培养出一批国家经济发展所必需的专业人才。对大学教师而言，可以充分发挥科学创造积极性、实践自己的教育潜能，因为通过多级结构教育体制进入某专业学习的学生大都是根据自身兴趣需要而来，不但精力充沛，而且具有极大的学习热情和主动精神，这为高等学校的教书育人活动，实现发展与创造、完善与进取相互促进的良性循环，提供了有利条件。

高师教育的多级结构更多地是在专业性课程方面显示出自身的特点。基础课程的广度和深度决定了学生掌握教学课程后是否能够获得学士学位或硕士学位。而掌握专业性教育课程的毕业生才有资格在中学教授相应专业的课程或在学前教育机构工作。选择教育类专业课程一般从高年级阶段开始，这种课程安排对师范性职业培训十分有利，一方面使师范教育机构能够对本地区的劳动市场状况做出灵活的反映；另一方面，使学生有广泛的社会机动性——他们能够自觉地针对社会实际需求选择专业或进修多个专业。

教师应当培养学生具有人类普遍的价值观，培养学生的积极性、主动性、创造性及进取精神，使学生能够很快地适应不断变化的生活，独立自主地选择职业活动，善于做决定并对此负责。教育的个性化作为高教多级结构的宗旨，正是符合这种社会需求的反映：强调培养学生独立工作的能力，满足受教育的个体要求。从这个意义上讲，这些内容要比多级结构本身更有价值。几年的实践经验表明：多级教育结构的实施对高师教育产生了积极作用；许多实行多级结构体制的师范大学在教育内容、组织形式、教学方法上都进入了一个创新的过程，教师群体的教育学创造活动也普遍开展起来，对于建立新型的教学组织结构的工作也在积极探索之中。

将更新教育内容的战略性目标和人才培养规格的现实需要及现有条件有效有机协调起来，客观、合理地确定出每个学科方向包含的具体专业知识，每一学科方向都由数个专业（传统意义上的专业）组成，这就避免了将科学知识割裂为几门毫不相干的教学课程，克服了教师和学生思维的片面性，为学生形成完整的创造性世界观提供了有利条件。师范教育就是按照这种新的学科划分模式进行多级结构体制转轨的实验，即按照六大学科方向培养师资。

四、高等师范教育国家教育标准的确立

实施标准化战略是俄罗斯教育改革的新生事物。国家教育标准（государственные образователбные стандарты）作为有特定内涵的词条。

在 1992 年颁布的《俄罗斯联邦教育法》中首次出现："在俄罗斯联邦确立实施国家教育标准，它以一定的程序确定了基础教育大纲必修内容的最低限度、学生学习负担的最大容量、对毕业生培养水平的各项要求……"。显然，这里的教育标准涉及的已不只是教学内容本身，而是教育大纲、教学水平的含量和指标问题。按照俄罗斯学者的观点，教育标准所具有的两个基本特点使它成为社会转型时期以及今后相当长一段时期俄罗斯教育机构人才培养的基本范式：即对教育内容的最低限定性和对教育水平的鉴定性。前者为不同形式和类别的教育机构进行同一专业或科目的教学内容划出了统一起点限度，后者为评价学生掌握学习以及检测专业人才培养水平规范了基本要求的空间，这就为新时期的人才培养提供了一个有明确界定的多维立体空间。

根据政府法令，《高教标准》由四部分组成：（一）总则；（二）高等学校方向和专业目录；（三）国家对各方向和专业毕业生培养内容和水平的最低要求；（四）高等教育学历证书。总则由政府审定，包括规定高等教育的层次和对职业教育大纲的总要求。其余部分由联邦高等教育管理部门，即俄罗斯国家高等教育委员会制定。而专门的国家教育标准审定委员会是一个跨部门的特设组织，有 15 个与高校工作直接有利害关系的部委代表参加，如俄罗斯科学院、教育科学院、教育部、卫生部、国家标准局、俄罗斯劳动和工资问题委员会等，目的是避免单一部门思想的片面性和局限性。

制定《高等师范教育国家标准》的工作主要由俄罗斯联邦教育部领导和协调。参与制定标准的成员包括专家、学者和俄罗斯重点师范大学的教师；师范专业的"УМО"设在全俄师范最高学府——莫斯科国立师范大学（原国立列宁师范大学），绝大多数专业学术工作均由该

校牵头。有关专家就制定标准的理论依据、指导原则、内容结构、分类方法等问题进行了大量研究和论证，最后形成的文字也是在相当范围内征求了大、中、小学教师和教育管理人员的意见之后确定的。

在理论依据方面，制定者们认为：教育标准是一个最小量的必要参数系统，是教育政策的规范，既反映着教育程度的社会理想，即社会对毕业生的要求，又体现着个人、社会通过教育过程达到这一理想的实际可能性。其总体功能在于保证全部教育过程的主体利益，包括个人的、学校的、社会的、国家的、地区的和国际社会的。这些教育主体的利益并不总是一致的，但教育标准应当具备完成各主体共同利益的功能。具体到高等教育的国家标准，它应具备这样一些功能：

首先，是教育的人文化功能。对教育程度和职业培训的明确界定可以解决学生权利和义务之间的矛盾，即学生必须完成标准要求，同时具有超过教育标准接受进一步教育的权利和可能性。对教育标准的充分了解可以使每个人有意识地为自己选择接受教育的途径。

其次，提高教育质量的功能。如果缺乏培养水平的最低标准，则导致由经验形成的质量标准只适用于好的学生，而对于大多数学生就难以达到。对部分学生进行精英教育并不能全面解决教育质量问题。实行国家标准就要求每个学生必须达到国家所规定的培养水平，这就使整体教育水平的提高成为可能。

再次，社会规范的功能。从单一制教育向多样化教育转轨的过程中，必须防止统一的全俄教育受到破坏。国家标准能保证等量教育的实现。这是解决人口众多和各种社会问题的重要因素，诸如人口的自由迁移、对不同教育类型及其教育文凭（证书）的认可等等。

最后，对教育系统的控制功能。国家标准排除了确定普通教育和职业培养质量指数的唯意志论，使人们有可能在所有教育水平中比较自己的实际受教育水平并做出有充分依据的决策。同时，国家标准也为教师选择合理的教育技术并及时修改；为教育部门的领导组织培训和提高教师队伍的业务水平，编写、出版或修订教学计划和教科书，以及修订教育标准自身等一系列工作提供了参照依据。

在指导原则方面，为了使教育标准发挥出自身的功能，制订者遵循了如下原则：

（一）考虑教育过程中各主体的要求和可能并予以有机协调个别与整体的关系。

（二）避免教育程度、知识领域上的不连贯性，按入学阶段和毕业阶段设置标准。

（三）在保持优良的教育实践传统的前提下，实施最必要的更新。

（四）对毕业生和职业教育大纲提出少而精的要求。

（五）标准应具有一定时期的稳定性，对其修订应依据条件变化和实践检验结果进行。

（六）教师有权选择确保完成标准的教育工艺规程的权利。

（七）具有检查标准实施情况的可能性和可加工性。

（八）坚持革新与继承传统的统一，将教学内容和实践中最本质的东西引进教育标准。

在标准的内容结构方面，坚持从师范教育人才培养的三大任务出发：充分发展个性；完整掌握教学教育活动的全过程；培养高质量的各学科教师。围绕此中心，教育标准将师范生应学习的所有科目划分成普通文化科目、教育心理学科目和具体专业学科三大板块，并分别提出培养要求，按不同的知识领域确定教育职业大纲结构。

①普通文化培训板块通过一系列教学课程进行，这些科目均有助于培养受教育者的社会、人文及生态文化知识，提高认知水平和思维能力以及经济知识方面的修养，以便利于个人在社会的市场经济条件下从事实践活动。这里包括的基本方面和主要课程有：世界观—方法论方面的逻辑、人类学和哲学；价值学方面的伦理学和美学；历史文化方面的文明史、科学史和艺术文化史；社会经济方面的经济学、商务学、社会学、政治学和法学；自然科学方面的当代自然知识的概念、数学和生态学；交流方面的语言、信息学；医学—生态学方面的体育

和健康学。此外这个板块还包括一些可供选择的讲座和社会文化实习，内容涉及联邦政府对地方和民族区域的一系列具体问题的政策和实践。

②教育心理学培训板块要求掌握教育学和心理学的内容，培养和提高未来教师组织教学教育过程中所必备的教育交往技巧、管理技能和自我调整能力；独立设计教案及教学情境的方法，善于实施区别化、个性化教学的良好素养，这里包括的主要课程是师范职业必修的专业课：教育学导论、心理学导论、个性自我发展原理；教学法理论方面的教育理论、教育制度、教育史和发展心理学；行为活动方面的学科教育技术、教育心理实习。这个板块中也包括一些有重要意义的选修性课程。

③具体学科培训定位于掌握必需教学课程材料，组织与所教课程（数学、物理、历史等）材料相适应的专业教育活动。

此外，制定高等师范教育国家标准还必须遵循一个基本要求：必须针对普通学校的教学教育活动而制定，既要考虑到其教育内容变化的因素，又要顾及已开始实行的普通学校国家教育标准。因为在已经形成的基础教学计划和国家教育标准的概念性框架模式中，体现教学教育内容改革及整合的灵活机制的是教育内容的三级构建制：即由联邦级、地方级和学校级三个层次按一定比例规定教育内容。联邦级教育内容涵盖世界局势、欧洲和俄罗斯文化方面的内容。地方级的基础教学计划包括民族文化特性、地区社会经济问题，帮助个人准确定位并解决这些问题等方面的内容。学校级基础教学计划旨在满足学生的具体需求和教师特长偏好，并以此为基础为学生自我认识和自我发展创造条件。这种由三段式结构构成的新的基础教育计划不仅是选择性教育的基础，也是俄罗斯联邦整体与各地区的局部利益、与具体学校及与学生个人利益之间的平衡点，因此，高等师范教育国家标准的制定必须以此为基本出发点。

总体来说，高等师范教育的国家标准是俄罗斯面向市场经济和国际教育大环境实施教育改革的产物，它将各项标准都定位于个性的自我价值和社会价值,在教育内容上体现了固定与选择同时兼备的特点。既确定了联邦级对专家层次人才要求和教育内容的最低限度,也规定了地区级和高校级的标准,保证了划一与灵活的有机结合。此外,这套国家标准还为毕业生同时掌握相关性专业提供了可能:学士(四年毕业)标准中允许学生可在具体学科板块范围内同时掌握两门专业知识,如"自然科学"方向中的地理学和生态学;专家(五年毕业)标准中允许学生再掌握一门补充专业,如数学加物理、心理学加教育社会学、化学加生物学。这不但体现了继续教育和终身学习的国家趋势,而且非常适合俄罗斯本国师范教育的特点,因为俄罗斯80%的师范院校为农村培养教育师资,双职业规格显然对那些将在农村小规模学校任教的毕业生特别重要和实用。

五、师范教育内容的改革

人的培养在于教育,学生的培养在于教师,教师的培养在于师范教育机构,师范教育机构的教育活动是教育目标和教育内容的具体化。因此,师范教育内容的改革具有"牵一发而动全局"的重要性。师范教育的弊病在于:①教育内容刻板陈旧、总以一副"以不变应万变"的姿态自居,而实际上严重落伍;②缺乏对人学领域研究成果的反映,从而将未来教师的培养局限于非常狭窄的专业领域之中;③缺乏对教师创新思维的倾向性培养;④用现代化教学技术、方法和手段培养新时期教师在很大程度上是一句空话。

师范教育领域中存在的种种现实问题表明:不从教育内容上改革,师范人才的培养就无法满足社会的现实需求,而师范教育本身以及各级各类学校教育势必因为不合格教师的教育教学陷入一轮故步自封、脱离实际甚至束手待毙的恶性循环之中。

围绕《教育法》中关于教育内容改革的总体要求,高等师范教育领域的内容革新提出了以下几个方面的指导思想。

(一)注重教育内容选择上的文化学倾向,确保个性在世界和祖国文化环境中的发展和自我认定。掌握尽可能广泛的文化财富；在历史发展的进程中理解和阐释各种文化现象；养成倾听不同文化"声音"的能力；掌握祖国和世界悠久文化历史的基本内涵。

也就是说，应该使每个学生、每个师范生都意识到，他是文化的人，体现着独特的文化背景，是在一定的文化语言中思考和说话，不仅要从文化财富中获得知识，而且要在自己的专业学习和教育活动中发扬光大。具体应体现在：了解"全球文化"的整体环境和自身文化氛围；寻找并明确相应的文化历史意识（"文化记忆"），能够在民族和世界文化发展环境中实现自己的教育专业活动。

（二）教育内容的人文化与人才培养的个性倾向性原则相统一。教育内容人文化以人文主义的原则为基础，承认每个人的自我价值，尊重每个人的权利和自由，保障人评价社会制度、参与社会活动的基本利益。人才培养的个性倾向性原则以人道主义教育思想为核心，强调以人为本、以学生为本的教育。教育内容人文化是人道化教育的手段，目的是向学生提供个性自我认识的知识氛围，形成自我确定和自我实现的能力与习惯。而掌握由人文科学和非人文科学积累而成的、完整的人学以及包含人文思想的所有教学课程，则是教育人文化的现实任务。

（三）强调师范专业实践活动中教育内容的基础化。基础教育是教育者的能力和动力的基础，是根据不断发展的社会及个人需求，有目的地完善自己专业活动的必要准备，是进行继续教育和自我教育的基本保障。因此，师范教育内容的基础化是师范教育机构依据社会现实要求，培养合格的教育专门人才的前提条件。

（四）强调教育内容的灵活性、选择性以及不断适应社会教育需求及个人变化的动态性，这些需求包括民族—地区的需求以及个人和教师在学术上的教育侧重点的需求。

（五）在市场化的社会大背景下提高学生经济修养的能力，以保证师范毕业生适应急剧变化的市场需求。应使学生了解基本的经济理论，对国家经济政策有所认识，能够发现、利用和归纳不同的经济信息并解决各种相关问题。

（六）师范教育内容的信息化，要求掌握信息学原理、了解并能利用新的教育信息技术从事教学教育实践活动。

六、师范教育机构的发展

（一）高等师范教育机构

师范教育内容以及各种活动内容的更新也同时推动了高师网络结构的改革和发展。90 年代起，俄罗斯高教领域出现了综合大学化（Университизация）现象，这是高等教育顺应世界高教发展趋势向人文化、综合化发展的产物。师范教育领域的综合大学化从 1992 年开始，发展速度很快。师范大学的主要任务包括：

制订教学计划，保证高质量施教；对专门人才进行基础培训，大批量培养硕士研究生，为专业人才大学后阶段技能水平的提高创造条件；通过副博士生部和博士生部培养教育科学力量，通过自己的学术答辩委员会组织论文答辩；在专业及课程设置上，增加了许多非师范性内容，如经贸、法律、生态学等专业。与师范学院相比，师范大学更能集中地方科学与教育潜能，发挥地区文化教育中心和继续师范教育中心的功能，对地方教育发展与地方师资队伍建设具有整合的作用。当然，师范学院追求向师范大学升格、改变培养方向、增设非师范专业还有经济和生存需要方面的原因，因为国家拨给大学的经费比拨给学院的多许多。高校综合大学化的另一种形式是以师范学院为基础、或联合本地区某个（数个）其他院校成立传统型综合大学，从而淡化学校的师范性、突出其综合性。如戈尔巴乔夫家乡所在地区的斯塔夫罗波尔师范学院改成了斯塔夫罗波尔国立大学，而为了保证本地区师资队伍的培养数量，又成立了斯塔夫罗波尔州国立儿童师范学院专门培养小学教师。

允许部属专业院校开设师范班，亦是近年来师范教育的一种新尝试。这也是高等教育适应市场需求的应急性产物。由于国家财政对教育的拨款陷于瘫痪，中小学校教师长期领不到工资，影响了师范专业的声誉，报考师范院校的生源一度减少，使普通教育学校师资匮乏的矛盾凸显出来。在专业学院开设师范班，就成为缓解这种矛盾的措施之一。如莫斯科地矿学院开办了培养化学专业教师的培训；普希金语言学院开设了语言学的师范专业；布拉茨克工学院开设了培养信息学教师的专业。一方面，师范教育体系的开放性、灵活性为学生提供了选择接受高师教育不同途径的可能，使他们能迅速而充分地对待不断发展变化的社会需求，这是好的趋势；另一方面，让没有培养师资经验的学院培养师资，不可避免地会影响教师培养的质量，这就对整体教育质量造成了潜在的威胁。因此，俄教育部已经开始对提出此类设置申请的专业院校严格审批。

此外，培养适合新型教育机构（实科中学、文科中学等）教师的工作、民族学校教师、在少数民族聚居地区的师范院校中培养母语及本民族文学教师的工作，也随着师范教育增强区域性、适应民族特点的改革而普遍受到重视。

（二）中等师范教育机构

师范教育机构系统的中等专业教育层次的师范学校包括师范中专和师范专科（педагогический колледж）。колледж 一词属外来语，指英、美等国的社区学院或专门学校，师范专科学校是苏联解体后出现的新类型学校，多由师范学校升格而来，比中师稍高，比师范本科略低，学业年限上比前者多1~1.5年，比后者少1.5~2.5年不等，在俄罗斯多级高教体制中应属第一级教育层次，接近于我国的大专，但在师范教育体系中将其划归于中等师范机构，这恐怕要从所培养出的毕业生只具有初级或中级专门人才资格的角度去理解才是。这种师专的毕业生成为高等师范院校的重要生源之一。

另外，师范专科也可以直接设在高师各系中，如莫师大数学系开设了数学师范专科，其毕业生自然有报考本系的优先权。也正是这样定向式招收师专生、开设师专班，才使师范院校实施多级高教结构成为现实。因为按照多级高教体制规定，师专毕业生直接进入师范高校三年级学习；师专班则是高中毕业生进入师范高校学习两年，毕业后可就业，也可继续深造。可见，师专的出现，不但给师范教育系统的办学带来了灵活多样性，也给学生个人提供了明确选择（或验证性选择）师范专业的机会。

顺应师范教育发展的整体趋势，俄罗斯师范教育也在向着高学历水平化发展，中等师范逐渐减少，中师升师专呈递增趋势。但又与西方发达国家有所不同。俄罗斯地域辽阔，城市发达，人口密度大，高等教育水平人才集中；然而农村面积大，人口数量和教育需求水平不及城市高。因此，普通中等师范教育机构在大城市的数量不多，绝大部分集中在农村及边疆区的城镇。在这一点上，政府暂时不是一刀切的做法，对农村的小学教师及部分初中教师的学历要求仍以中等师范为起点，逐步扩大高师教育水平的覆盖率，这也是俄罗斯中等师范学校总数变化不明显的原因之一。

（三）补充师范教育机构

注重教师的职业培训和业务提高是苏联时期就形成的良好传统，俄罗斯独立后依然保持了这个传统，并在不断地变化过程中有所创新。1992年颁布的《联邦教育法》将各级各类教育分别包括进普通教育和职业教育两个大纲之中。职业教育大纲里包括五种职业培训层次：初等职业教育、中等职业教育、高等职业教育、高校后职业教育和补充教育。

而补充师范教育机构的成立，实际上提高、扩大了教师培训进修机构的地位和职能。随后的几年来，大部分传统的教师进修学院先后由地方政府和管理部门进行了重组，在保持原有职责的同时又增加功能，向施教、办学机构多样化发展，变为状态不同的机构：教育技能大学、教育工作者业务提高及再培训学院、地方教育发展中心等，使补充师范教育系统成为一个覆盖面宽、机构多样、形式灵活、注重时效性和社会需求的网络。

七、俄罗斯师范教育的问题及前景

师范教育是整个国民教育体系的有机组成部分，它与教育大环境同喜同忧；国民教育体系是整个社会体系的一部分，它与社会发展整体态势同呼吸共命运。因此，如同俄罗斯阶段社会转型与改革进程矛盾重重、困难重重一样，师范教育领域的改革亦存在方方面面的困难和问题。

（一）师范教育改革的困难、问题

1. 教育经费短缺的现实困难

困扰、阻碍教育发展进程的最大不利，就是资金匮乏。正如《联邦教育发展纲要》中指出的，"由于缺少必要的经济保障，致使教育系统的优先地位只具有宣言性质，不能保证人人可享受免费的教育"。根据联邦《教育法》和《高等和大学后职业教育法》，国家财政拨款是教育经费的主渠道，国家对教育的财政支出不得少于国民收入的10%；高等教育的经费不得少于联邦预算支出的3%。但事实上，国家对教育经费的投入根本没达到过既定的标准。

国家的经济不稳定和预算赤字、政府代表机构和执行机构持续降低教育科学和文化发展的预算拨款，给师范教育领域造成的矛盾与危机尤其严重。从师资情况看，教师和科研人员的工资低于国家最低生活标准，正常工作和生活受到影响，导致教育和科研机构中最优秀的科技、教育工作者的流失，高等师范院校年轻教师减少，另有相当数量的教师到外面兼职，成为师资队伍隐性流失的主要因素；由于长期或不能按时领到工资，教师的不安定因素增加，中小学教师（亦经常有大学教师参加），尤其是非主要城市地区的教师频繁地大规模罢课，不仅在相当程度上影响了师范专业的声誉和威信，而且使学校的正常教学秩序得不到保障。

从物质基础方面看，师范院校物质基础处于危机状况，许多师范院校的教学设备陈旧落伍，有些不但不能达到相应的教学效果，还会造成新一轮的恶性循环。据俄电视新闻报道：西伯利亚地区一所中等师范学校上化学实验课，由于实验仪器被超期使用，造成爆炸，致使实验室报废、师生多人受伤。

从师范教改的力度看，由于缺少必要的资金，许多改革措施无法落实，革新的承诺无法兑现。

从师范院校的发展规模上看，由于经费原因，一些地区尤其是基层师范改革设想只能是一纸空文，比如非中心城市的师范院校，主观上积极致力于扩大学校规模，建立新的师范多级体制，以适应新时期教育人才培养的需要，但是国家财政的年度拨款不含建立硕士生部及其配套机构的项目开支，致使一些院校在年度发展计划中，将"硕士生部"这一级机构用"虚线勾框"，年复一年地向后推移，长期使硕士培养制度处于试运行状态。

2. 师资队伍建设的迫切问题

师范教育体系的发展还存在许多问题和矛盾，因此，师范教改主要是针对这些矛盾进行观念层面的改革。但从师范教育管理的层面来看，师资培养的规格、数量以及与此相连的师范院校定位问题还是亟待解决的问题。

首先，教师规格种类及其数量明显缺乏：随着文科中学、实科中学、特科学校、主创学校、特殊教育学校等各类新型教育学校数量的不断增加，对多规格适应型教师在种类和数量上的需求加大；此外，俄罗斯拟将于2003年在全国范围内（试点工作已小面积开始）实施12年制普通中等教育（目前是11年制学校），这意味着在教学计划、内容、方法、模式等方面都要有很大的变化，因此培养高数量的、新规格教师已是当务之急。

其次，农村及偏远地区教师数量严重不足：进入社会转型时期以后，这个长期存在的问题变得更加突出。一方面，定居农村的人口数量呈持续下降趋势、且老龄化比重增大；另一方面，高师毕业生由国家统一分配的模式被双向选择分配模式的逐步取代，愿意到农村任教的毕业生越来越少。国家和地方政府虽然坚持向定向师范生提供优惠待遇，但响应者在师范毕业生总数中所占比重仍然不足。

最后，也是最现实的问题是师范院校的如何定位，因为师资培养的规格和数量以及本职业有效就业率都与此密切相关。长期以来，在苏俄高等教育机构中，师范学院的数量是各类专业学院中数量最多的，可以说，某个城市如果只有一所高等学校的话，一定是师范学院。许多中小型师范学院实际上是该地区文化教育和科研的中心，不但是满足本地区师资需求的主要培训机构，而且几乎还是向本地区提供具有高等教育水平的农村教师的唯一渠道。近几年来，在追求高等专业教育综合化的趋势下，一些师范学院升格为师范大学，另有一些被改组或合并为综合大学，虽然学院的规格升高了，但毕业生当教师的人数、尤其是回本地区任教师的人数减少了，师范学院原来的区域性服务功能明显减弱。这就使追求高师教育综合化趋势与完成师范的区域性服务职能产生矛盾。显然，不解决师范院校如何定位的问题，使其既能完成本职工作又能适应教育发展的主趋势，师范教育改革就没有真正落到实处。

（二）师范教育的发展前景

1. 理想与现实，距离甚远

注重发展教育、注重发展师范教育，是苏联时期的良好传统，俄罗斯也从理念上继承无疑，因为"十年树木，百年树人"是一个永恒的道理，不会因政权的更迭而改变其基本含义。近年来，俄罗斯对发展教育并没有放松，不断出台有关教育的法令法规，强调教育发展的优先地位，并一直坚持提倡师范教育在教育体系中的优先地位。但教育的持续发展和优先地位绝非纸上谈兵的儿戏，即便政府出台了方方面面的教育法令、法规，如果没有稳定、平和的社会政治、经济环境，国家的蓝图和国民的期盼仍然无法变成现实。换句话说，在俄罗斯的教育理想和现实之间，存在着相当大的距离，而左右这个距离的，主要是俄罗斯本身的社会政治、经济状况。

国家政局上的不稳定，使俄罗斯的教育领域，包括师范教育的前景发展与其他领域一样存在着很大的不确定性，众多教育法令、法规的出台，并不能马上缓解和改善所有的矛盾和问题，真正落实的并不理想。

2. 优先发展，目标明确

尽管目前俄罗斯社会的整体状况发展仍不稳定，导致教育领域的发展进程仍然受阻，但一贯重视发展教育的传统，使俄罗斯官方对于国民教育的各项改革始终持积极的态度。对师范教育改革和发展的前景，俄罗斯教育领导层和理论工作者达成了目标明确的共识原则：

师范教育的优先性原则——从师资需求的实际需要出发，优先满足国家、地方师范教育数量和质量的发展，提高由各种财政渠道对师范提供经费的份额。

教育理念的人道化原则——崇尚全人类价值、个性、个别性的观点，像对待合作中权利平等的伙伴一样对待学生。

教育模式的个性倾向性原则——既考虑学生个性，也考虑教师的个性，个别性及职业性特点。

教学教育过程的人文化原则——培养精神文明、道德素养、普遍文明程度和崇尚民族传统的教育优于学科知识、专业技能的训练。前者是教师的基本素养，后者是前者基础上的必备的职业水平。

师范培养方向的多样化原则——逐步实现从传统的专才培养方向向多职业、多级别师范教育体系方向过渡。

师范管理的民主化原则——将师范教育机构建设塑造成开放、自治的社会—师范系统，使个人、社会、国家都作为权利平等的伙伴置身其中，共同担当人才培养的责任。

师范功能的民族、区域性原则——在教学计划中突出反映具有地方特色的民族文化、社会—历史、生态—人口、种族特性等民族区域性成分，使师范教育能切实完成为本地区服务的任务。

师范机构教、学、研的一体化原则——实现师范教育系统所有成分之间和谐互动，努力使高校教师与普通学校科学、实践活动相互联系，完善各级师范教育机构之间的教学、实践、科研的有机联系的互补性协作。

这些原则既是对当前俄罗斯师范教育改革现实的条理性概括，又是其师范教育改革未来走向的指导思想。当然，师范教育改革的具体内容、形式、方法和重点会随着整个国民教育领域的改革步伐和需要，随着社会整体改革的进程和需要而不断发生变化的，这还需要我们对此经常不断地予以关注和研究。

教育的竞争说到根本上是人才培养的竞争，是师资的竞争，是师范教育的竞争。处于社会转型时期的俄罗斯政府以及最高教育管理部门，对改革和发展师范教育的意义是明确的，理论论证和法令、法规的制定基本上是符合世界发展普遍趋势以及本国现实需要的，并且从已经开始的运作看，师范教育体系的各个环节都不同程度地出现了一些积极变化。由于目前最现实的问题是教育经费的严重不足，导致教育改革整体上进步缓慢，也使各级各类教育包括师范教育领域的改革无法走入良性循环的机制之中，严重影响了改革的实效。值得肯定的是，苏联70余年的国民教育体系，不但为国家的社会主义建设成功培养输送了大批知识型人才，而且其完整的师范教育网络培育、造就了一支思想素质、个性修养、业务水平都很高的教师队伍。俄罗斯联邦在继承了苏联绝大部分主权的同时，继承了这笔无价财富。正是这些力量在社会转型之不断动荡、衰退的特殊时期，使学校教育与其他领域相比，还总体保持了其体系与机制的健全和稳定，主要的教学教育活动能够得以正常进行。换一个角度说，俄罗斯师范教育改革有着很好基础，人的因素、教师的因素得天独厚。那么，随着整个俄罗斯社会政治、经济状况的好转，教育环境的改善，师范教育的改革亦会走上良性发展的轨道，取得明显的效果。对此，俄罗斯教育界人士坚信不疑，我们也抱着乐观的态度积极关注着其发展进程。

第三节　俄罗斯的德育改革

一、补充教育体系成为俄罗斯教育现代化的重要组成部分

补充教育在俄罗斯并不是一个全新的教育领域，是俄罗斯教育体系的优良传统。补充教育由普通教育机构、职业教育机构和补充教育机构实施，目的在于不间断地提高工人、职员、专业人才的技能，全面满足公民、社会、国家教育的需要。补充教育机构包括进修机构、培训班、职业定向中心、各类音乐、美术、艺术学校，各类儿童之家、少年活动站等。也就是说，从体系上看，以前相对独立的（属各级教育管理部门）教师培训进修机构，被明确划归为补充教育机构，成为补充教育，从而成为职业教育体系的有机组成部分。俄罗斯的现代儿童补充教育体系始于苏联时期。十月革命后，苏联已经形成了包括少年宫在内的完整的补充教育体系，当时称作"校外工作"和"校外教育"。苏联解体后，俄罗斯的补充教育体系一度被弱化甚至摧毁。近年来，俄罗斯社会各界在反思教育改革的过程中，深刻认识并体验到补充教育体系，特别是德育体系、校外工作和青少年休闲组织等被破坏的消极后果。因此，重构补充教育体系成为俄罗斯教育现代化的重要组成部分。

俄罗斯教育科学部在出台的《教育与创新经济的发展：2009—2012年推广现代教育模式》方案提出，要扩大补充教育的规模。在2012年之前，每个学生将得到每周2小时时间，来进行课堂外的大纲要求的活动，到2020年要保证每周不少于6小时。俄罗斯设定的补充教育发展目标是，将5～18岁学生可以获得免费补充教育的比例由原来的27％提高到40％；将14～25岁接受"为天才儿童和青年提供的补充教育服务"的人数比例由原来的12％提高到22％。俄罗斯已将补充教

育上升到培养创新人才、提高国家竞争力的战略高度。

苏联时期，校外和课外教育是全部免费的，现在也只是象征性地收取学费。即便是以高消费著称的莫斯科儿童音乐学校一般每月收费也仅在120卢布左右，约合人民币30多元。随着市场化改革出现的私立音乐教育机构，如音乐俱乐部、音乐小组等，收费基本与国立的儿童音乐学校持平，而且学生来去自由，几乎不设门槛。

在俄罗斯，补充教育被视为儿童个性化发展和创造力培养的重要场所。学生一般利用课后的业余时间或假期学习。俄罗斯的补充教育机构多种多样，有青少年宫、儿童创造中心、青年技术站、俱乐部、科学协会及休闲康复基地等。目前，俄罗斯的补充教育机构已达到18 000个，其中教育系统内有8 900个，其余分布在文化领域、体育运动领域以及其他社会组织中。这些机构有的与学校合作，使用学校的教室和设备组织学生活动，有些则拥有自己的场地和设施。

俄罗斯教育科学部有专门的补充教育管理机构，与基础教育、师范教育、民族教育等处于同等重要的地位，在活动资金、物质基础和人员上都给予支持。补充教育有正规的师资，大多来源师范大学的相关专业。补充教育没有统一的标准，教育活动内容呈现出多样化特点，包括艺术、技术、体育、环保等各个方面。俄罗斯还为儿童补充教育提供多样化的支持，为低收入家庭提供优惠，为处境不利儿童提供心理咨询和心理疏导帮助。

近年来，俄罗斯在改革补充教育管理体制的过程中，积极发展区域儿童补充教育体系，实行跨部门管理策略。跨部门管理机制形成了地方、区域和联邦的儿童补充教育机构互动网络，成立各级教育方法指导中心，为贯彻补充教育发展纲要、师资培训及实验研究提供了制度保障，为挖掘和培养天才儿童、预防青少年犯罪创造了良好的社会条件。

在俄罗斯，补充教育也是要写入教育大纲的，因此无论农村还是城市学生都有权享受。据了解，近年来俄罗斯出现了很多包括学校和校外机构在内的社会文化综合体，为当地居民和学生提供社会文化服务，常年为农村学生开展保护自然环境、种植经济作物及养殖等科普活动。为了使农村学生真切感受到世界艺术的宝贵价值，他们还组织学生到大城市参观博物馆、观赏名剧，以汲取文化养分，提高审美和鉴赏能力。在暑假期间，城市的学校则组织劳动夏令营，参加农村的收获劳动。

俄罗斯人认为，补充教育是发展儿童个性倾向性、能力和兴趣，明确社会和职业自我定位的决定因素之一。在创新经济背景下，俄罗斯更将补充教育作为培养创新人才的重要教育形式，与普通教育同等地位。为满足社会对补充教育的广泛需求，俄罗斯在借鉴国际经验和继承民族教育传统的基础上，出台了一系列补充教育政策，包括《2010 年儿童补充教育现代化构想》、《2002—2005 年儿童补充教育体系发展的跨部门联合纲要》及《2010 年前儿童补充教育体系发展的跨部门联合纲要》等。

俄罗斯描绘的现代化补充教育蓝图包括：国家保障补充教育的平等普及；提高补充教育的质量；提高补充教育师资的职业素质；加强对补充教育体系的管理；为每个儿童自由选择教育方向、活动形式、教育计划和时间，甚至是教师创造条件；满足儿童的各种兴趣、个性倾向和发展需要；激发个体认知和创造、自我实现和自我肯定的动机；能够让儿童看到自身的发展水平，保护儿童的自尊心，采用个体本位策略，为每个儿童创造"成功的情境"。

补充教育即使相当发达且网络密布，但在教育的可能性方面还存在着局限性，这就导致了有必要相信教育的新理念，此理念在对待俄罗斯教育价值的态度方面保持着传统继承性又与现代的要求相适应。1997 年 12 月 16 日的《议会听证会关于现代条件下儿童和青年教育的建议》，建议俄罗斯联邦政府"在 1998 年形成国家的教育理念，并制定以对成长中一代实施公民教育、道德教育、体育和美育为目标的教学大纲"。

需要指出的是，教育科学领域对这个理念的研究，远早于国家对这一理念的需要。教育不得不用自己的力量去寻找革新教育系统的道路，而不能指望过去已习惯了的国家的帮助和扶持。这样的探索表现出几个方向：以个性为导向的教育、民族的教育和宗教的教育。新的教育范式的基础是人道主义思想、人类中心论思想、自由思想、精神崇高思想和民族尊严思想。

俄罗斯儿童和青年的教育状况正在威胁国家民族的安全，因此，俄罗斯联邦教育委员会在为履行联合国儿童权利公约和保证俄联邦儿童的生存和发展宣言而通过的决议附录中（1996 年）坚定地强调了国家在为儿童发展创造条件方面所起的特殊作用。国家扶持的基本方向和形式包括：信息保证、为青年和儿童联合组织培养干部、给予纳税优惠、对儿童和青年组织的活动给予资助、为各项计划和方案拨款等。

在俄罗斯联邦教育委员会 1994 年 11 月 23 日的决议中，补充教育被描述为把教育、教学和发展客观地结合成一个统一过程的范畴。其优越性在于增加儿童利用课余时间的主动性，丰富学科领域和教育活动种类的多样性，使作业具有适合于各种不同年龄和多种职业的特点。

补充教育是对教育过程进行人道主义革新的源泉，这一观点值得肯定。因为补充教育为发展儿童的创造天赋、自觉、自我实现和自我发展创造了广泛的可能性。必须指出，补充教育系统，基本上是唯一一个从苏维埃时代保留下来的教育活动领域。2002 年，俄罗斯有近2 万个补充教育机构，其中 8 900 个是德育系统的，5 800 个是文化系统的，1 800 个是体育系统的，1 800 个是社会组织的机构。在其中学习的 6～17 岁的学生超过 1 300 万人。但是仅有国家对补充教育机构的扶持对于整个教育系统的健康发展是不够的。补充教育有助于发现和发展儿童个人的兴趣、内部潜力，能为作为活动主体的儿童的个性自我发展创造条件，但它对于影响儿童生活行为策略方面的可能性是有限的。掌握并拥有这样的策略只能是涉及所有的教育结构的、有针对性的教育政策的结果。

二、发展以个性为导向的教育理论和民族教育思想

以个性为导向的教育理念依据的原理是：个性的特征具有独立性、自主性、反省倾向性、创造能力以及对自我完善和不断地提高自我修养的需求。研究者认为，以个性为导向的教育的特点就是把儿童看作一种绝对的价值，创造能激活个性的人格—意义、精神—道德、价值—审美方面的教育情境。主要表现为：

①儿童的利益优先于国家的、社会的，各种社会团体的和教育过程的其他参与者（教师、家长和行政管理机关）的利益。

②必须个别地对待受教育者，考虑到受教育者的个性特征和特性，这就要求有针对性地进行教育设计。

③儿童及其天赋和能力有全面、充分的发展的必要性和可能性，教育系统的目标要定位于使之现实化和个性的自我实现。

④宽泛地理解儿童的利益，尽可能地帮助儿童发展其所有的、各种各样的兴趣，对儿童进行社会和教育的支持，在受教育者周围营造发达的社会文化环境和人文心理氛围。

以个性为导向的教育理论依据的是 19—20 世纪的俄罗斯教育学的人文主义传统，并且站在明显地反对传统的国家教育的立场上。传统的国家教育完全赞同基督教的原罪观念，认为人从一开始就是堕落的，其观念的基础是：人的本性是不完善的，必须通过让人吸收文化、参与社会和社会活动去纠正人的天性。这种教育的主要组织者是国家。

以个性为导向的教育的主导思想，就是儿童个性自我发展的思想，要把学生看作是教育和生活的主体。

20 世纪末，民族教育思想家们认为，正是由于缺乏能够被一个民族绝大多数人内心接受的思想，而酿成了现代俄罗斯生存的悲剧。他们认为，在俄罗斯发展的现阶段必须复兴东正教的精神，这种精神在除了 20 世纪之外的整个俄罗斯的历史上，是教育过程发展的无可争辩的道德基础。在教育教学过程中应该把人民生活的淳朴与东正教的意

识结合起来。民族教育观念的基础使俄罗斯教育具有以下特征：

——高尚的精神：俄罗斯人特别关注绝对的、永恒的范畴。

——开放性：俄罗斯文化和教育对外部影响的开放能力、吸收外国价值观念的能力、在保持自己的独特性和唯一性的同时从精神上丰富和改造它们的能力。

——传统性：依靠民间文化、民间教育学和经验获得人的发展规律。

民族教育把热爱祖国和渴望更多地了解祖国看作社会思想的核心。有一种思想认为，任何人都必须掌握的知识是"读、写和算的技能，自己的宗教原理的知识和自己祖国的知识"，乌申斯基把这种思想看作是一条教育的公理。现代民族教育的理论家把祖国看作一种思想，一种能把分裂的俄罗斯社会普遍形式团结起来的思想，而把对祖国的爱看作是教育的动力。对民族教育形式的探索就是在这样的思想平台上进行的。20 世纪末，民族教育的拥护者提出要复兴稍微修正过的"东正教、君主专制、人民性"的三合一，这样的三合一从 19 世纪中期起巩固了俄罗斯国家的帝国势力。Г. В. 奥西波夫认为俄罗斯的民族思想就是"高尚的精神、人民政权和国家利益至上性"的三合一，Н. Д. 尼康德罗夫认为俄罗斯的民族思想就是"东正教、爱国主义、人民性"的三合一。

这一派思想家提出必须返回到俄罗斯东正教的传统，其结果就是使宗教教育在包括学校在内的社会中的地位问题具有了现实意义。在无神论和缺乏统一价值系统的条件下，从信仰和宗教中去寻找支点对于社会上的一部分人来说是非常自然的事情。宗教的价值首先是东正教的价值、1917 年十月革命前的文化价值，在整个学校和家庭教育系统中是已经确定了的。在这方面宗教教育的复兴，对于俄罗斯而言似乎是很自然的，这是一条社会教育的道路，其使命是要培育新一代公民，使他们热爱自己的祖国，追求高尚的道德价值和理想。

把宗教作为新的社会和国家教育的重要手段，应该考虑到近百年来社会中所发生的变化。

（1）俄罗斯已不是一个君主国，而是一个致力于建设民主公民社会的国家。现在的俄罗斯无论从文明要素还是政治要素看，已不再是东正教占优势的帝国，而是一个多宗教的国家。因此，任何一种形式上平等的宗教都不能够也不应该追求统治地位。国立学校开设东正教课程，无论是出于宗教方面的考虑还是出于政治方面的考虑，都遭到社会上相当一部分人的抗议。

（2）宗教就其本质而言给予年轻人更多的是永恒不变的宗教价值观。宗教诉诸意识的最深处且具有形而上学的性质，并永远站在永恒性的立场上评价生活。

（3）利用东正教作为国家教育系统的价值—意义基础和内容的基础，并不能预先防止某种社会危机的出现。

三、家庭在德育中的作用削弱

20 世纪 90 年代俄罗斯推出了教育优先发展战略，要求教育工作者首先改变自己的内心信念。这一过程不需要特殊的物质上的花费，所以没有国家在财政和组织上的支持也可以进行。对于俄罗斯新政权和在 20 世纪 90 年代不可遏止地积累资本的寡头政治的精英来说，这样的"不花钱的"教育是可以接受的。但是教育危机的原因不仅仅在于野蛮的资本主义，而是深深地根植于俄罗斯国家组织的本质中。

现阶段教育的复杂性受到俄罗斯历史习惯性做法的影响，那就是一个时代代替另一个时代的同时坚决地抛弃文化遗产。因此，在这里引用 Н. И. 洛巴切夫斯基的话是适宜的，他说："我们需要学习什么才能完成我们的使命？……我的意见是：不毁灭任何东西，完善所有的一切。"洛巴切夫斯基是一位伟大的数学家，也是一位大学教师，他的这一思想强调的是世代相承、保持文化传统的永恒的意义。

正是在缺乏"对社会起团结作用的思想"和对学科领域的国家战略进行论证的条件下，以及社会教育制度被削弱的条件下，家庭承担起解决年轻一代社会化问题的更多责任。尽管学校为保持教育传统作出了努力，但它的任务主要还是局限于传播知识，家庭必须担负对儿童个性的所有方面培养的责任。

我们认为，存在两种基本的教育本源，可以有条件地把它们称之为"爱"和"法"。第一种与人的家庭生活相联系。在家庭中人得到关怀、注意和爱，在这里儿童开始掌握社会规范和文化价值的过程。如果这一过程在自然的、无拘无束的、愉快的氛围中进行，那么，成为幸福的人的能力和对世界的明快感知，就成为性格的基本特点。第二种作为教育本源的法，决定着人的社会生活，对其社会行为赋予意义。如果在家庭中个人的、个性化的态度占优势，法律就会提出必要的社会和行为规范加以规制。国家是与法律相适应的教育的主体，而在国家脱离教育的时期，教育的全部负担和责任都落在家庭身上。

在俄罗斯的过渡时期，从前那些对教育过程起调节作用、为儿童进入成年生活做准备的法律、社会规范和规则都被抛弃了，而新的法规尚未制定。在批判、责难社会教育的形势下，正是家庭成为成长中一代的最重要的保障之一。社会学研究认为，家庭对儿童的影响，现在比学校、大众信息手段和街道对儿童的影响大得多：家庭的影响占40%，大众传媒占30%，学校占20%，街道占10%。大部分家长都强调家庭所起的教育作用正在增强。在回答优先的生活价值问题时，75.7%的家长把对儿童的教育作为其中的基本价值，放在第二位的是幸福的夫妻生活，第三位是健康的身体，第四、第五、第六位分别是物质方面满意、职业活动和与朋友有意义的交往。

心理学家对儿童的游戏偏爱所做的分析证实了社会教育的不足。儿童角色游戏的情节基本上局限于家庭主题。儿童通过游戏模仿和掌握成人的生活、成人之间的关系，游戏中的角色集中体现着儿童与社会的联系。研究结果表明，儿童关于成人世界的概念仅局限于家庭的范围之内。在儿童的游戏中缺乏社会角色、职业角色，这证明了社会教育的不足和儿童社会经验的局限性。

陷入经济危机状况的家庭，目前难以完成各种以综合形式出现的教育任务。家庭不得不在市场的经济环境中"挣扎"。相当数量的俄罗斯家庭贫困化的形势令人担忧，许多家长为减弱物质困难对孩子的影响作出了巨大的努力。他们承担着保持家庭安康的重任，已不能充分顾及孩子的教育。在社会和经济因素的影响下出现了一种普遍现象，即人生存、全面发展和社会化所必需的条件以及物质和精神资源的匮乏。许多家庭尽管作出了巨大的努力，但仍不可能让自己的孩子获得合格的教育，不能保护并增强孩子的健康。相关统计数据令人不安，不完整家庭的比重在持续增长，未婚妇女生育的子女数量在增长，被剥夺了家长权利的家长数量已达到令人吃惊的地步。

经济问题、社会的不稳定、夫妻之间复杂的人际关系，造成了家长与孩子之间关系的疏远。

同样，物质条件比较好的家庭也不是总能胜任自己对孩子的教育义务，这也是由一系列原因造成的。组织复杂、瞬息万变的现代世界对进入这个世界的人提出了严酷的要求，诸如进取精神、处理实际问题的能力、精打细算等品质，在现代条件下都是必需的。与社会要求相符的个性对于道德的稳定性而言是危险的。家长对于独立地寻找不受时间限制的价值观与用法规的理智来平衡和解决上述问题之间的矛盾并没有做好准备。成年人不能保护自己的孩子免受信息的侵蚀性的进攻。由于缺乏由国家的意识形态所确定的统一的价值系统，就出现了价值的偏移和对儿童轻易就能接受的那些虚假理想的肯定。在这样的条件下迫切需要灵活的、有建设性的、深思熟虑的教育系统，虽然家长通常不得不局限于采取禁止、惩罚、剥夺等措施来进行教育。

生活方式的重大转变要求改变传统上建立在长者不容争辩的权威基础上的家庭结构。遗憾的是在身为家长的这一代人身上缺少把儿童当作家庭中享有充分权利的、有自身价值的一员来对待的经验。

分析现代俄罗斯家庭的状况可以发现，家庭在儿童社会化方面所起作用的增强与家庭所处的危机状况之间存在矛盾，只有当家庭和国家各自教育功能的分配系统得到恢复的情况下才可能解决这个矛盾。在相反的情况下，社会和家庭的不顺遂将成为儿童偏常行为进一步发展的基础，成为破坏其生活价值和意义的基础。

四、培养青年新的价值观

良好的社会状况取决于在社会中起作用而又易被忽略的主要思想、价值和意义的有效存在。这对于教育具有特殊的意义，因为教育不能忍受思想的空泛或困惑。思想的困惑会使儿童和少年的社会不适应现象增加。这种现象的本质在于儿童的处世态度和对世界的认识与周围环境中的现象、传统、规范之间的不相协调，在于儿童与家庭、学校和其他社会机构的联系的削弱或丧失，在于与学习和劳动的疏远。反常的行为、反社会的行为，传统上称之为偏常的行为，使现在社会学家、心理学家、教育学家集中关注到一个离奇的事实：年轻人的亚文化扭曲到如此程度，以至于由于这种亚文化的传播，偏常竟然变成了规范。正是通过诉诸行为的偏常方式，年轻人找到了解决自身危机的路径。

社会学家的问卷调查表明，现代儿童的精神需求大大下降，他们的心理健康和身体健康需要积极地矫正（90％的学龄儿童在身体和心理发展方面存在异常，其中的35％患有慢性疾病）。

根据一系列社会学研究可以确信，现代青少年对自己的力量、对个人成就的定向，明显地高于有社会意义的价值定向。青少年对公民问题的态度就很典型，他们普遍不满意自己是俄罗斯人。根据研究资料表明，1/3左右的17岁青少年不希望出生并生活在俄罗斯，而希望诞生并生活在其他任何国家，一半以上的回答者表示如果可以选择居住地，那么，他们就不会留在自己的祖国。青少年对国家的消极评价占很大比例：只有6.1％的回答者认为，有理由为俄罗斯在世界社会中所处的地位感到骄傲；9.7％的回答者为俄罗斯的武装力量的强大而自豪；5.1％的回答者为国家的民主改革、法制和公民自由的发展感到骄傲；而12.3％的回答者相信，今天的俄罗斯人没有什么东西是值得自豪的。根据科学研究中心跟踪调查的资料表明，认为俄罗斯以往的文化传统已完全丧失的意见，在青少年中稳固地形成，持这种意见的人占17岁回答者的51％。23％的被调查者认为，在失去旧传统的同时新的传统尚未形成。与此相联系的是出现了儿童向西方文化价值观的转向，这种转向在很大程度上是由获得了"平行学校"性质的大众传媒发起并支持的。

年轻的一代深刻体验到与过去联系的割裂以及文化继承性的缺失，导致消费主义意识形态在青少年中得到巩固。消费价值观的胜利在充裕的商品、高技术产品的日益增长以及对财富和平庸的崇拜中得到具体体现。消费社会既不需要真正的科学，也不需要人文环境和严肃的教育。最新的生活方式创造出一种心理，在这种心理的支配下，儿童简直就不能认真地接受诸如善良、公正、正派、爱国主义等一些积极价值观。

一方面，不能不承认现代儿童呈现早熟的趋势，他们被过早地卷入市场经济引发的复杂的社会经济关系中；另一方面，社会价值在青少年的个人价值观体系中意义的降低，导致幼稚行为的出现，使他们在未能做好准备而又得不到家长支持的情况下去解决自我实现的问题。许多孩子对自己的未来、自己在社会中的地位没有明确的认识。

发生在价值观和道德观系统中的现代年轻人的意识危机和变异、犯罪率的增长和越来越多的破坏行为，所有这一切都表明在学科领域中必须制定经过周密考虑的国家政策。现在，国家回过头来重新解决德育问题，突出了以下一些极其重要的方向。

——爱国主义教育、精神性的道德教育；

——为在民主社会条件下培养青少年的公民意识创造并发展法制、经济和组织条件；

——在青少年的生活自决和职业定向过程中帮助他们；

——促进儿童健康的生活方式和体育；

——预防危害社会利益的行为。

21 世纪初，经过了 10 年的中断之后，俄罗斯出现了最初的一些表明国家逐渐重新担负起发展教育的责任。在解决教育问题的道路上最现实的措施是制定并批准了《2001—2005 年俄罗斯联邦公民爱国主义教育》国家纲领和《2006—2010 年俄罗斯联邦公民爱国主义教育》国家纲领。2006—2010 年保证这些纲领实施的拨款总额达 49 780 万卢布，其中 37 805 万卢布由联邦预算拨款，而 11 975 万卢布来自预算外资金。纲领的目的是发展公民的爱国主义教育系统，这一系统在培养爱国主义情感和意识的基础上能够保证完成团结社会、支持社会和巩固俄罗斯各族人民的统一和友谊的任务。提出的目标具体体现在以下一系列任务中：使青年面向祖国文化的价值，培养青年对祖国、对俄罗斯的文化和历史的价值认识，培养对自己祖国的自豪感，培养对宪法、国家的标志物、祖国语言、人民传统的尊重感。要完成这些任务就需要分阶段地采取以下措施：以整合的形式进行爱国主义教育（整合国家机关、社会组织和家庭的力量）；编写有关问题的教学法建议和教学大纲；完善、鼓励并支持儿童的自我教育组织、法制和财政机制；提高教育工作者的职业专长；有的放矢地利用国家标志物的潜在价值。

精神—道德教育的发展，要求为年轻一代掌握世界文化和本国文化的精神价值创造条件，使他们能有准备地、独立地选择有道德的生活方式，形成人道主义的世界观、审美修养和艺术品位，追求完美并把精神价值付诸生活实践之中。对年轻一代的德育存在的诸多问题的尖锐性，要求国家与教育系统形成合力。

现在在俄罗斯教育系统中正在形成一种新的教育文化，其特点是：教育实践的多元化、多样化；教育教学技术和心理咨询作用的提高；教育教学活动主体自由程度的提高。对俄罗斯统一教育空间的各类层次教育活动进行分析，能发现以下趋势。

——由各个教育机构编写和实施教育大纲；

——教学的教育作用越来越大；

——补充教育和文化机构的文化教育功能正在加强。

教育途径的多样化并不否定作为教育基础的人道主义原则的统一性。人道主义原则在学前教育阶段就已开始贯彻。在学前机构开设了一批新课程:《虹》、《和谐》、《我们周围的世界》、《我,你,我们》、《共同的创作》,新课程的内容是要培养儿童热爱家乡,扩大情感体验的范围,发展人道和道德的情感,掌握共同活动中的交际手段。

普通教育学校的教育体系要完成一些综合性的任务,如让学生吸收文化价值体系,掌握俄罗斯文化和本民族的文化,培养社会理解力,形成全人类的道德规范。学校恢复设立军人荣誉博物馆、地方志博物馆,这些博物馆同诸如"纪念""渊源""仁慈"等探索小组都在有效地开展活动。教育大纲包括各种各样对儿童进行德育和美育的措施,包括举办节日,例如"知识日""和平日""城市日";举办展览,例如"我的家乡""民间手工艺";举办维多利亚戏(维多利亚戏是一种竞答游戏,参加者要回答一个总题目中的许多问题)。例如"你知道自己的城市吗""我的祖国";举办以"战争中人的命运""我家的历史"等为主题的作文竞赛。

学生参与有社会意义的活动才能形成学校的文化教育空间,如去儿童之家、军人医院举办巡回音乐会,参加生态保护行动等。学校也应对经济困难的家庭给予人道主义的援助。

公民教育要求在儿童的意识中形成公民的价值观,培养儿童对法规和社会生活规范的尊重,保证培养公民所需的条件,保证儿童能为参与国家的社会、政治生活做准备。公民教育的一些现实问题反映在《俄罗斯青年》(2001—2005年)这一联邦目标计划中:该计划中最重要的是国家对社会团体和组织活动的扶持,为提拔有才能和有专门知识的年轻人进入国家政权机关创造条件。在实施这一计划期间所必需的总的费用为 403 489 万卢布,其中联邦预算承担 33 489 万卢布,俄联邦主体预算承担 368 930 万卢布,预算外经费为 1 970 万卢布。儿童和青年的社会活动要求弱化代际矛盾,引进各年龄段人的自我教育与合作机制，给予青年公民以社会生活经验，促成青少年的社会化。现代俄罗斯儿童和青少年社会组织的优先方向是：制定有助于公民社会发展的青年研究机构的行动纲领；制定法律，推动市一级的扶持社会机构的跨部门中心的建立；国际一体化，发起国际社会运动以培养儿童和青少年的社会主动精神。

全世界都把公民的首创精神看作"社会资本"的部分，没有公民的首创精神，社会和民主国家的有效发展是不可能的。因此，可以把公民教育看作是建立在社会伙伴关系基础上的真正民主的基础，《俄罗斯青年》（2001—2005 年）国家扶持计划就是据此确定的。

教学过程中用地区性内容的人道主义成分来丰富课程，被广泛用来作为达到培养人的公民品质的目标和手段。对此具有特殊意义的课程有"公民学""社会知识"，以及与研究各地区的历史和文化有联系的课程（"莫斯科学"、"顿河哥萨克人的历史"等等）。

5～9 年级的学生学习公民学，即在不完全中学学习这门课程。儿童在教学过程中获得有关公民社会、人在社会关系结构中的地位、人的权利和义务、伦理道德、个人主义和集体主义等的初步概念。该课程具有实践的指向性。它不仅要求复现理论知识，还要求解决问题性任务，塑造出有利于个人发展的情境，学生在这样的情境中必须独立解决冲突，作出道德选择。

在高年级，即在 10～11 年级学习社会知识，每周两课时。这门学科的基本内容包括这样一些主题："个人和社会""自我认识""世界观""国家和社会""经济知识原理""哲学知识原理"等等。

"公民学"和"社会知识"课程属于联邦课程，在地区一级还可以开设有利于德育和爱国主义教育的补充课程，"民族学"就是其中的一门。这门学科具有综合性，其内容是由与民族志、历史、文化有关的问题组成的，课程的目的是扩大对祖国历史和文化及其与其他国家文化相互作用的认识，培养爱国主义情感、民族自豪感和对历史的尊重感。

在生活、职业自决过程中对青年进行经济和劳动教育，其目的都是为了使青年更有效地社会化并积极融入生活。朝这一方向发展的战略目标是：为儿童认识劳动的社会意义和个人意义创造法律的、社会的和经济的、社会文化的条件。这个目标的实现与以下综合任务的完成相联系：掌握经济类知识，形成经济思维；培养劳动活动的技巧；获得与生活计划相一致的补充教育；发展自主性、积极性和首创性；就一些难题的解决对儿童、家长和教师进行个别的和小组的辅导。一些基本的措施有：更新劳动教育和经济教育的内容和形式；促进国有企业、私人企业和社会组织与教育教学机构、青少年职业指导机构间的相互作用；国家支持有关劳动价值、职业化方面的宣传；创造条件吸引儿童参加各类对社会和个人有益的活动。

现在俄罗斯的许多教育机构中都有一些法律知识和经济知识俱乐部在开展活动，实施以下计划："社会主动性"（有计划地吸收学生参加改变校内外环境的活动），"人类共同体和儿童"（吸引孩子参与社会创造）和"领袖"（掌握参加各种团体和领导这些团体的经验）等等。为顺利解决学生的社会化问题，需要建立职业发展中心，由这些中心开展心理训练和适应训练，对个人的能力和个性倾向性进行诊断，发现个体在事务方面的潜力。

国家依然很重视补充教育的发展。现在俄罗斯在市和地区层次上已有 10 种类型 9 000 个这样的机构，这 10 种类型是：中心、宫、家、俱乐部、儿童工作室、站、儿童公园、学校、博物馆、健康—教育夏令营。这些组织能保证儿童兴趣、能力和创造潜力的发展，使他们适应新的社会现实。国家博物馆活动计划把对年轻一代的教育列为其工作的一个独立而且非常重要的方面。例如，在国立历史博物馆中设有学生研究室、历史小组、地方志小组、艺术小组，安排具有戏剧化因素的主题旅游；在俄罗斯现代史国立中央博物馆中开办了祖国历史爱好者俱乐部、青年博物馆专家学校。

国家在学科领域方面的首要任务是培养儿童有关健康的修养。国家各种社会机构的力量必须形成合力，使年轻一代以乐观主义的态度去认识世界，追求健康的生活方式。在体育教学中组织体育保健工作，宣传健康的生活方式，培养珍爱健康的行为模式，为儿童满足健康需求创造条件。国家从几个方面着手去完成培养成长中的一代健康的生活方式的任务，如改善儿童的医疗救护条件，引进新的技术形成健康的生活方式，完善儿童保健服务的规范，进一步发展保健机构，教育教学过程的生态化等等。

对于成长中一代的健康生活方式的培养及其健康修养问题，由一些专门的中心负责研究。例如，在莫斯科有儿童咨询中心"在发展中形成"，心理医学社会中心，"健康的童年"中心等等。这些中心主要进行诊断观察、矫正和社会康复等工作。它们的工作贯穿着一种整体认识：有关儿童发展问题，不同方面的专家应该在一起工作，针对问题共同开展咨询。这项工作涉及的问题有学校中的困难、家庭中的不理解和冲突等等。

普及健康的生活方式的必要性，成为国家社会和财政政策的优先方向，从 2002 年起实施联邦目标计划《社会性疾病的防治（2002—2006 年）》来看，2002 年花在体育运动上的资金比 2001 年多 60.1%，而在这段时间里儿童保健夏令营从 49 200 个增加到 52 200 个。对违反社会准则的行为和儿童无人照管现象的预防，与保护系统所作出的努力相联系，这样的保护系统能增进儿童的心理社会心理健康和身体健康，增进儿童的家庭安全感和快乐，增强儿童对危险因素和环境造成的消极影响的抵制能力。《俄罗斯儿童（2003—2006 年）》这一联邦目标计划提出，在国家层次上首先要解决的社会问题有：增进儿童的心理健康和改善儿童的生活质量，克服儿童的不顺遂状况，对孤儿和残疾儿童实施国家扶持。

在制订有利于儿童的社会政策时所要考虑的最重要的立场之一，是承认儿童是社会上最易受到伤害的群体，因此，保护无人照管儿童和城市青年的工作具有非常重要的意义。

为解决儿童的偏常性问题需要采取以下措施：建立青春期司法制度；为针对不适应儿童的整体预防和社会康复工作系统建立规范和法律基础；确定预防无人照管现象组织系统的各主体间相互作用的机制；建立社会基础设施，保证所有未成年人的充分社会化，这些基础设施由教育机构、医疗机构、社会机构、就业服务、文化和体育运动机构组成。

帮助家长教育儿童成为国家社会政策的另一个重要方面。对家庭进行教育扶持的目的是要帮助家长提高教育能力并提高教育修养，使家庭和学校在对待教育过程和为儿童个性的发展创造最优条件的问题上达成一致的观点。

大众传媒对实施国家教育计划起着特殊的作用，这被看作是最有影响的社会教育设置。最近十几年来它对相当一部分儿童和青少年的世界观、目标、价值观的形成所起的作用不断加强。大众传媒为青年一代提供了各种各样的行为模式、价值系统和道德方向，培养他们的各种兴趣，甚至影响儿童和青少年的语言能力。遗憾的是，今天的大众传媒更多的是对成长中的一代产生负教育影响，使青年形成轻松地挣钱的想法，传播暴力思想和暴力方式，把罪犯说成是英雄，为不道德和不守纪律辩解。大众传媒的自由与新闻工作者对社会的责任的关系，是现代俄罗斯"最头痛的"问题之一。这个问题的有效解决及完善，与调整大众传媒与政府和社会之间关系的立法相联系，与信息产品的生产者履行新闻道德规范相联系。当前正在积极地为制订大众传媒工作人员活动准则开展工作。大众传媒的使命是保证完成国家对儿童进行道德教育和公民爱国主义教育，生产出版物、电影和计算机产品，保证发展儿童剧院、电影院和电视演播室。近年来国家积极支持大众传媒对教育价值观、健康的生活方式、科学教育开展宣传活动。

需要指出的是，大众传媒对儿童的影响出现了重要变化，这种变化的实质在于更重视对提供给儿童的信息、行为榜样、活动规范、生活方式进行监控，这使得揭露俄罗斯现实"内幕"的、宣传罪犯价值观的、引导产生人民生活暗无天日和没有出路思想的影视的数量大大减少了。大众传媒正在积极地寻找时代的真正英雄。并非所有的影视产品都能符合审美要求，但是其内容的转向证实了大众传媒在教育活动方面作出了某些积极的改进。国家采取的一系列措施，其中包括实施由教育部、文化部参与的跨部门（儿童和青少年精神—道德教育）刊物出版计划，对大众传媒的发展都起了促进作用。

四、俄罗斯教育发展的前景和方向

俄罗斯教育发展的前景和方向主要有以下几个方面。

第一，构建国家和社会教育系统，这一系统建立在公民社会的基础上，国家保持其作为教育政策主体的作用。

关于国家与教育的问题，包含着国家与意识形态的问题。新的俄罗斯国家是否能够贯彻明晰的意识形态政策？国家为扶持教育所做的准备工作将证明俄罗斯结束了野蛮的资本主义（在野蛮的资本主义条件下政权的意义就是不惜任何代价地集聚资本），也将证明新的文化和历史时代的开始，由此，有生命力的、善于思考的人力资本成为民族财富的源泉。

第二，俄罗斯国家教育理念形成时，教育就完全返回到了学科领域中。国家的教育理念包括：

——国家宣布自己是家庭和教会之外的基本的教育主体。

——将确定全民族的价值系统和民族的文化教育理想，这种理想能保证为青年科学地制订一定的生活策略，保证在贯彻统一的国家和社会教育政策的过程中协调各个教育主体（学校、补充教育机构、大众传媒、维权机关、体育运动部门、军队等等），保证协同一致的教育计划的编制和实施。

——保证国家教育政策获得持续的科学支持。新的国家教育政策不应该建立在意识形态的基础上，而应建立在科学的基础上，建立在对文化、人类共同体、自然进行综合的、跨学科分析的基础上。

"俄罗斯国家教育理念"应该是动态的、定期更新的，但其内涵应该持续地发展，以便与人类共同体、文化、经济的客观历史过程相适应，与个人的、集体活动中的价值、意义的变化相适应。

　　第三，只有法制的国家才能够贯彻富有成效的教育政策。教育过程的参与者应该成为最重要的教育源泉之一（法律）。20世纪90年代国家脱离教育的重要原因之一，是国家自身并不总是能够执行它自己制订的社会行为规则。国家应该遵守自己宣布的法规。德育的成就取决于德育所宣布的价值与国家的发展方向相一致。国家的意识形态所肯定的价值与现实的生活实践相背离的情况是不允许发生的。遗憾的是，全人类的价值、法律规范、社会保障，现在常常只不过是漂亮的口号。教育目标与客观现实之间的矛盾使年轻人大为失望，在社会化的最初阶段就迫使他们与国家组织的伪善发生冲突，让他们体验到幻想破灭和上当的情境。国家回归到开放性和道德性，是其成为教育主体的主要条件。不诚实的国家不仅不能指望自己的公民热爱它、尊重它、为它而自豪，甚至不能对自己公民的觉悟抱有希望。

第五章 俄罗斯教育的对外交流与合作

第一节 中俄教育交流与合作

俄罗斯，早在 1949 年 10 月 3 日，即中华人民共和国成立的第三天就与我国建立了外交关系。中俄两国接壤，共有 4300 多公里的边境线，这是两国人民进行友好交流和合作的紧密纽带，是双方发展睦邻友好关系的共同财富。

中国和俄罗斯都是世界大国，两国的规模足以使它们成为成功的合作对象。两国在地域上接近，这也就为卓有成效地发展经济合作和贸易创造了条件。而在更宽广的意义上说，这是为两国在各个领域中建立战略伙伴关系创造了条件。

两国近年来开展了一系列友好活动，这将大大推动中俄在政治经济、科技、文化、教育、军事等领域全方位合作，并不断深入扩展，特别是两国边贸大幅度扩展的背景下，对懂中俄两种语言、懂专业、掌握现代技能的适用型、复合型、外向型人才的需求大量增加，中俄两国教育优势互补，进一步开展教育合作与交流，两国政府在人才培养和互派交流方面也采取了积极的举措。

2001 年 7 月，中俄两国元首在莫斯科签订了《中俄两国睦邻友好合作条约》，将两国永远做好邻居、好伙伴、好朋友的意愿和决心用法律形式固定下来，彻底摒弃了那种不是结盟就是对抗的冷战思维，是以互信求安全、互利求合作新型国家关系的体现。有了这一纲领性文件的指导，21 世纪中俄关系长期稳定健康的发展就有了保证，为两国开展教育交流与合作提供了最稳固的基石。

我国与俄罗斯的教育交流与合作有着悠久的历史，至今，莫斯科大学校长室中还悬挂着 20 世纪 50 年代北京大学赠送的内容为莫斯科大学主楼外景的织锦画。

在中国，中外合作办学的发展趋势是健康平衡的，已形成一批办得好、质量高、有特色、受欢迎的中外合作办学机构和项目。一些中方办学机构在办学实践中，积极引进国外优质教育资源，大胆探索新的办学模式和人才培养模式，积累了不少好的经验。

俄罗斯是一个科技教育较为发达的国家，仅中国的黑龙江省就与俄罗斯有 3 000 多公里的边境线，与俄罗斯开展教育合作具有天然的地理优势。中国东北黑龙江、吉林、辽宁三省与俄罗斯有着长期友好合作的传统，特别是 90 年代以来，中俄教育机构本着"优势互补、资源共享、共同发展"的原则，双方开展合作办学取得了可喜的进展。例如：黑龙江农业大学率先与俄罗斯开展分段式合作办学，与哈巴罗夫斯克工业大学交换学生 30 名；黑龙江大学与远东大学建立了联合研究生院，双方于 2004 年 11 月在俄罗斯签订了联合培养研究生的办学协议、确定了研究生学院管理委员会双方组成人员，启动首批合作学科专业，互派教师参与教学过程，学生实行分段培养，使教育引进与输出并重；黑龙江省黑河学院与俄罗斯布拉格维申斯克师范大学开展全面合作，从全省选派艺术、俄语、教育学等专业的教师，通过聘请俄罗斯教师授课，赴俄罗斯学习部分课程等方式，使之获得俄罗斯高校的硕士学位；吉林、辽宁两省也同俄罗斯开展了一些深层次的实质性的双边教育合作。

中俄两国学生交换采用以下几种方式，各种方式都有自己的特点。

1. 大学生自主地进入外国（俄罗斯或中国的）高校学习。一般可以通过俄罗斯和中国高校在伙伴国或因特网上举办的展览会中获得信息。

2. 接受方高校根据高校之间大学生交换协议进行教学。这样的教学，往往实施的是一年以内短期的插编式教学（进修）计划。协议通常规定，无论是中国学生还是俄罗斯学生的费用，相当于在本国类似周期教学所需的费用，高校接受对方高校大学生的数量与自己派去进修的大学生数量相当。这样的交换方式能为参与互换的大学生提供境外进修的机会，而又不必增加高校总的教学费留合法化并从事企业经营活动。但是这类人毫无疑问是少数，许多俄罗斯教师认为中国大学生是最勤奋、最能干、最积极学习的外国公民。

在远东（滨海地区、哈巴罗夫斯克边区、阿穆尔州）高校中学习的人几乎占中国留学生的20%，来俄罗斯接受高等教育的其余30%的中国公民分布在俄罗斯联邦其他40个地区的高校中（其中有100～300或更多人数不等的中国公民在弗拉基米尔、伏尔加格拉特、沃罗涅什、下诺夫戈罗德、伊凡诺沃、伊尔库茨克、新西伯利亚、平扎、顿河罗斯托夫、赤塔等地的高校学习）。在西伯利亚和远东的高校中，中国大学生的"密度"最高，但在俄罗斯联邦的其他地区的高校中，中国公民的人数在留学生中占绝对的优势。

大部分中国公民来俄罗斯是为了学习俄语（约25%），学习包括信息学和计算技术在内的工程技术和自然科学专业（总共占35%），不少中国大学生还在经济、教育和人文领域的系科和学校学习（占30%）。

注意到这样一种情况：学习医学专业的中国学生的比重较小，不到5%，而亚洲其他国家的学生到俄罗斯学习医学的人超过50%，其中印度和马来西亚的公民超过80%。

在社会学问卷调查过程中，中国公民常常提到的他们留学俄罗斯的动机是所选专业的教学质量高，入学条件不难，学费不高（与西方大学类似专业相比较），也提到其他一些动机（文凭声誉高，教育部、国内高校、企业派遣的，采纳家长的意见）。中国学生也提出了对俄罗斯的学习和生活条件的要求。

应该指出对俄不利的一个趋势，这就是把俄语作为外语学习的中国学生的数量减少了，而学习英语则大大增加。

考虑到中国和俄罗斯在地理上的接近以及在经济、科学技术和文化合作中的相互的利害关系，还由于俄罗斯人和潜在的俄罗斯应届中学毕业生数量的减少，俄罗斯高等学校对包括中国大学生在内的外国大学生的需求越来越大，因此，进一步扩大在高等教育和培养高级人才方向的双边接触，在客观上是必要的和不可避免的。现在已有多所中国和俄罗斯的高校之间建立了直接的伙伴关系，俄罗斯高校定期在中国举办教育服务展览，2006 年中国将在俄罗斯举办相应的展览。按学士学位、硕士学位课程计划在中国和俄罗斯高校中联合培养研究生的工作正在步上正轨。两国还组建了联合研究生班，如 2002 年在莫斯科大学和北京大学，2004 年在远东国立大学和黑龙江大学。

第二节　俄罗斯与其他国家教育的交流与合作

俄罗斯无论从历史上，还是现代人的观念中，都是欧洲国家，他们认为欧洲是世界文明的发源地，是现代教育的鼻祖，所以在教育的国际交流与合作活动中，首先注重与欧洲的合作，将融入或称之为回归欧洲教育怀抱作为国际交流与合作的重点。

俄罗斯教育的国际交流与合作脱胎于苏联。苏联时期，每年在苏的外国留学生有 14 万之众，现已经在世界各国成为一股不小的力量，所以俄罗斯现政府十分重视各高校与毕业生的联系，认为此种联系既符合俄罗斯的地缘政治利益，也符合俄罗斯的经济需要和教育需要，从某种意义上讲，也可以在国外形成为俄罗斯院校招生的长设机构。

多年来经济的不景气，对俄罗斯的对外教育交流与合作的影响很大。俄罗斯教育部在公开的出版物中，已经承认享受政府奖学金的外国留学生在俄不能享受免费医疗，没有打工机会，政府奖学金极低，存在从事非法活动等事实。

俄罗斯的教育一直陷于资金严重短缺的困境，在教育的对外交流与合作中，希望能从境外得到资金。所以许多交流活动，比如办教育图书展览会、大学校长研讨会等，都以赢利为目的。参加者既要自行解决来俄的交通费、食宿费，还要交纳会议费等费用。所以，俄罗斯的对外交流与合作的费用大多由境外合作者承担。

在美、德、日、法、意等国，关于俄罗斯历史、文学、语言、艺术等方面的研究，大多以专门研究会的形式出现。苏联解体前开始形成，解体后一两年达到高峰的俄罗斯各方面专家赴西方国家工作、生活、定居的热潮，形成了在西方国家中的俄罗斯人团体，他们推动了并且正在推动着俄罗斯与西方国家的文化、教育合作与交流。俄罗斯市场的开放，西方资金的大量涌入，也为俄罗斯的高等教育发展提供了机遇。高等院校纷纷与西方国家合作，引进资金、教材、教师、设备，与大企业、财团合作创办培训学校、培训班等，培养西方在俄独资企业、合资企业、俄罗斯现代民族企业所需的人才，并将此作为学校创收的途径之一。

2003 年起，俄罗斯政府建立"总统"奖学金，确定每年资助全球1 000 名优秀的国际学生到俄罗斯高等院校留学，由俄罗斯教育部直接录取，按名额分配到相关高等院校，以奖学金的方式资助学费，并每月发给部分生活费，所在院校按照俄罗斯本国学生的标准适当收取住宿费。此类去俄罗斯留学的学生称之为"俄罗斯教育部公费资助留学生"，简称公费生。

公费生优势

1. 就读院校、专业、课程经俄罗斯教育部直接考评后确定奖学金。留学生就读的学校都是经俄罗斯教育部直接考评后确定的大学、学院等高等院校，这些院校都是国立的，历史悠久、师资力量强、教育质量高、毕业后就业率高；

2. 有机会被俄聘为专家，学习期间在社会活动、生活方面享受一定的专家待遇。对奖学金留学生俄罗斯教育部作为"专家后备人才"跟踪管理，学生信息进入"俄罗斯专家后备人才信息库"，不仅毕业后有可能被聘为专家，而且学习期间在社会活动、生活方面享受一定的专家待遇；

3. 在校学习期间的学费、住宿费免交。奖学金留学生被俄罗斯教育部指定的学校录取，在校学习期间的学费、住宿费免交，只要学生学习好，还可每月至少获得教育部发放生活补贴费 1000 卢布以上；

4. 交付给俄罗斯教育部的管理费比自费学生大学 5 年应付的总额减少 60% 以上。交付俄罗斯教育部的管理费比照自费学生大学 5 年（普通专业一年预科、4 年本科）应付的学费、住宿费总数至少减 60%以上，即只相当于不到 40%，而且是一次性交齐 5 年的管理费，可避免因学费、住宿费逐年上涨而多交（俄罗斯各高校的学费、住宿费每年以 15%～20% 的比例上涨）；

5. 优秀学生可以在留学期间优先参加俄罗斯中国留学生组织的各项活动。奖学金留学生在俄罗斯期间优先参加俄罗斯中国留学生组织的各项活动，结识其他会员，互通信息，得到帮助。

俄罗斯的教育之所以吸引着世界各地的青年，与其独特的教学特点是分不开的。

俄罗斯的高等教育注重基础理论与实践的结合。学生在课堂上要领会深厚的基础理论知识，要掌握本专业最先进的理论，同时要了解本专业理论在具体实践中的应用情况，了解理论指导实践、实践修正理论的具体历史情况。所有这些要通过每学期一篇的年级论文和毕业论文反映出来。以飞行器设计专业为例：莫斯科航空学院飞行器设计系的学生，从了解第一代飞行器的设计原理出发，开始学习飞行器理论，通过了解第二代飞行器的设计原理，了解理论的进步和在实践中的应用，同时学会了寻找科研目标和找出前人理论与实践的不足之处的办法。这样，通过一代代新型飞行器设计原理的理论剖析、学习，通过自己的一次次飞行器设计实践（年级论文和模型），学生逐渐具备了能找出前人不足并有修正能力的设计师的特质，成为合格的人才。

与此同时，俄罗斯的考试口试与笔试并重，根据科学统计结果显示，口试给学生带来的理论应用、逻辑思考、想象力拓展、就业之后的团队合作等方面是让学生终身受益的。

附　录

关于修改和补充《俄罗斯
联邦教育法》的联邦法

国家杜马 1995 年 7 月 12 日通过

联邦委员会 1996 年 1 月 5 日批准

第一条　现对《俄罗斯联邦教育法》（见《俄罗斯联邦人民代表大会暨俄罗斯联邦最高苏维埃公报》1992 年第 30 期，第 1797 页）进行修改和补充，新文本附下。

第二条　鉴于本联邦法的通过，《俄罗斯联邦最高苏维埃公报》1992 年 7 月 10 日第 3267－1 号《关于〈俄罗斯联邦教育法〉实施程序》的决议即告失效。

第三条　建议俄罗斯联邦总统并委托俄罗斯联邦政府根据本联邦法采取自己的法律行动。

第四条　本联邦法自其正式公布之日起生效。

俄罗斯联邦总统 Б. 叶利钦

莫斯科，克里姆林宫，1996 年 1 月 13 日

俄罗斯联邦教育法

本法所谓教育，是指有利于个人、社会、国家的有目的的教育教学过程，该过程能保证公民（受教者）达到国家规定的教育水平（教育资格）。

所谓公民（受教者）获取教育，被理解为公民要达到并有相应文凭，保证具有一定的教育资格。

受教育权是宪法规定的、不可剥夺的俄罗斯联邦公民的基本权利之一。

俄罗斯联邦教育依照俄罗斯联邦法和国际法准则实施。

第一章　总　则

第一条　教育领域的国家政策

1. 俄罗斯联邦宣布，教育领域是居优先地位的领域。

2. 俄罗斯联邦教育领域国家政策的组织基础为联邦法所确定的联邦教育发展纲要。

3. 联邦教育发展纲要根据竞争夺标办法制订。竞争办法由俄罗斯联邦政府公布。

4. 俄罗斯联邦政府每年向俄罗斯联邦议会两院递交有关联邦教育发展纲要贯彻进展情况的报告，并在（政府）正式刊物上公布。

5. 不允许在国立和私立教育机构中、在教育管理机构中建立政党的、社会政治和宗教活动与组织团体的组织机构并开展其活动。

第二条　教育领域国家政策的原则

教育领域国家政策建立在以下各项原则基础之上：

1. 教育的人道性质，全人类价值，人的生命与健康及个性自由发展居优先地位。培养公民觉悟，勤劳品质，对人的权利和自由的尊重，对自然环境、祖国和家庭的爱心；

2. 联邦文化与教育空间的统一。在多民族国家条件下，通过教育体制保护和发展民族文化、地域区文化传统和特点；

3. 教育的普及性，教育体制适应求学者、受教育者的准备和发展水平及特点；

4. 国立、私立教育机构中教育的世俗性质；

5. 教育的自由和多元化；

6. 教育管理的民主性质和国家—社会性质，教育机构自治。

第三条　俄罗斯联邦教育法令

1. 俄罗斯联邦教育法令包括俄罗斯联邦宪法、本教育法及依据该法制订的俄罗斯联邦其他法规、标准条令以及俄罗斯联邦各主体的教育法规和标准条令。

2. 联邦教育法规（包括本法）的职能为：

划分联邦国家权力机构与俄罗斯联邦各主体国家权力机构在教育领域中的权限和职责；

在规定的联邦权限范围内，调节同样应由俄罗斯联邦各个主体解决的教育领域种种关系问题。在此部分中联邦教育法规为直接有效的法规并适用于俄联邦全境；

就有关俄罗斯联邦各主体所属权限问题确立共同的法定标准，由各主体依此自行调节教育方面的法律实施。

3. 俄罗斯联邦各主体可以依据其法定地位和权限施行不与联邦教育法令相抵触的教育法规及其他标准条令。

俄罗斯联邦各主体的教育法规和标准条令不得限制俄罗斯联邦教育法规的自然人和法人的各项权利。

4. 违反俄罗斯联邦教育法规的自然人和法人均应承担俄罗斯联邦法规所规定的责任。

第四条　俄罗斯联邦教育法规的使命

俄罗斯联邦教育法规的使命为：

1. 划分国家权力机构与各级教育管理机构在教育领域的权限；

2. 保证和维护宪法规定的俄罗斯联邦公民的受教育权；

3. 为俄罗斯联邦教育体系的自由运转和发展提供法律保证；

4. 确定自然人和法人在教育方面的权利、义务、权能和责任，并对他们在教育领域中的关系施以法律调节。

第五条 俄罗斯联邦公民教育权利的国家保证

1. 保证俄罗斯联邦公民均有受教育的机会，不受性别、种族、民族、语言、家庭成分、居住地点、宗教态度、信仰、社会组织（团体）归属、年龄、健康状况、社会地位、财产状况、职位及有无前科等情况的限制。公民享受职业教育在性别、年龄、健康状况及有无前科等方面的限制，只能由法律作出规定。

2. 国家通过建立教育体系和创设接受教育的适当社会—经济条件，保证公民享有受教育权。

3. 国家保证公民接受普及性的、免费性的初等普通教育、中等（完全）普通教育和初等职业教育，以及通过竞试在国立和私立学校免费接受国家教育标准范围的中等职业、高等职业和大学后职业教育，均以公民首次接受该水平教育为限。

4. 公民就读于拥有国家信托证书并实施普通教学大纲的非国立自费教育机构所用学费，由国家按照相应类型的公立教育机构奉行的学习费用国家标准予以补偿。

5. 为使需要社会救济的公民获得受教育权，国家全部或部分地负担其受教育费用。接受该项救济的公民类别、救济形式、金额和资金来源均由联邦法律规定。

6. 国家通过特殊教育手段为发育不全的公民接受教育、矫正发育缺陷和适应社会创造条件。

7. 国家对有突出才能表现的公民接受教育给予赞助，其方式包括为其提供特殊国家奖学金以及到国外留学的奖学金。此类奖学金标准及颁发办法，由俄罗斯联邦政府规定。

第六条 教学语言（语种）

1. 教育领域语言政策的共同问题由《俄罗斯联邦各民族语言法》进行调节。

2. 俄罗斯联邦公民有权用本民族语言接受基础普通教育，同时有权在教育体系所提供的可能范围内选择教学语言。

3. 保证公民用本民族语言接受教育的权利能通过开办必要数量的相应教育机构、班级、教学班并为其正常工作创设条件来实现。

4. 教育机构进行教学教育的语言（语种），由教育机构的创办者（创办各方）和（或者）教育机构章程确定。

5. 国家遵照俄罗斯联邦各项国际条约对居住在境外的俄罗斯联邦各民族人员用本族语言接受基础普通教育提供帮助。

6. 所有拥有国家信托证书的教育机构，除幼教机构外，把俄语作为俄罗斯联邦国语的学习，均由国家教育标准作出规定。

7. 俄罗斯联邦各共和国国语的学习问题由各该共和国立法调节。

8. 国家帮助培养有关专家，以便采用俄罗斯联邦内无本族国家建制的那些民族用本族语实施教育过程。

第七条　国家教育标准

1. 俄罗斯联邦确立包含联邦成分和民族区域成分的国家教育标准。

俄罗斯联邦由联邦各国家政权按其职权范围确立国家教育标准的联邦成分，并按必要程序用该成分规定各基本教育大纲的最低必修内容、学生学习的最大负担量以及对毕业生培养水平的要求。

2. 实施对发育不全学生的教育大纲时，可制定特殊国家教育标准。

3. 除法律已定者外，国家教育标准的拟订、批准和实施程序由俄罗斯联邦政府规定。

4. 基本的普通教育国家教育标准由联邦法制订。

5. 国家教育标准以竞争方式制订，并以同样方式每十年修订一次，竞争办法由俄罗斯联邦政府宣布。

6. 国家教育标准是客观评定毕业生教育水平和技能的依据，与受教育形式无关。

第二章　教育体系

第八条　教育体系概念

俄罗斯联邦的教育体系是以下相互作用成分的总体，它们是：各个级别和各种专业方向的、相互衔接的教育大纲和国家教育标准；实施这些大纲和标准的不计其组织—法律形式、类型和类别的教育机构的网络系统；教育管理机构及其下属机构和组织。

第九条　教育大纲

1. 教育大纲规定一定教育层次和专业方向的教育内容。俄罗斯联邦实施的教育大纲分为：

（1）普通教育大纲（基本的和补充的两种）；

（2）职业教育大纲（基本的和补充的两种）。

2. 普通教育大纲旨在培养个人的一般文化素养，适应社会生活的能力，和为自觉选择及掌握职业教育大纲奠定基础。

3. 普通教育大纲包括：

（1）学前教育大纲；

（2）初等普通教育大纲；

（3）基础普通教育大纲；

（4）中等（完全）普通教育大纲。

4. 职业教育大纲旨在循序提高职业教育和普通教育水平，培养相应级别的专业人才。

5. 职业教育大纲包括：

（1）初等职业教育大纲；

（2）中等职业教育大纲；

（3）高等职业教育大纲；

（4）大学后职业教育大纲。

6. 各级基本的普通教育大纲或各级基本的职业教育大纲（各具体职业和专业）的最低必修内容，由相应国家教育标准规定。

7. 在国立和私立教育机构内掌握基本的教育大纲的修业期限，由本法和（或）相应类别教育机构的标准条例或相应国家教育标准确定。

第十条　受教育形式

1. 根据个人需要和可能，掌握教育大纲的形式可以是：在教育机构内的面授、面授—函授（夜校）、函授等形式，家庭教育、自学及校外考生制形式。允许以各种形式相结合的方式接受教育。

2. 对在具体的基本的普通教育大纲或基本的职业教育大纲范围内获取教育的形式来说，均实行统一的国家教育标准。

3. 不承认以面授—函授（夜校）、函授形式及校外考生制形式攻读的各门职业和专业目录，在俄联邦权限部分由俄罗斯联邦政府确定。

第十一条　教育机构的创办者（创办者们）

1. 教育机构的创办者（创办者们）（以下简称为创办者）可以是：

（1）国家政权机构，地方自治机构；

（2）本国和国外各种所有制形式的组织及其联合体（协会和联合会）；

（3）本国和国外的民间私人基金会；

（4）俄罗斯联邦境内注册登记的社会和宗教组织（团体）；

（5）俄罗斯联邦公民及外国公民。

允许联合创办教育机构。

变更现有国立和私立教育机构创办者的构成成分，须在俄罗斯联邦教育法规作了规定的场合中才允许。

遇有国家权力机构和（或）地方自治机构改组时，创办者的权利转归相应权利继承者所有。

2. 实施军事职业教育大纲的各类教育机构的创办者，只能由俄罗斯联邦政府充当。

为犯有（危害社会）不轨行为的儿童和少年开办的封闭式特殊教学、教育机构的创办者，只能由联邦权力执行机构和（或）俄罗斯联邦各主体权力执行机构充当。

3. 创办者与教育机构间的关系，由他们之间依照俄罗斯联邦法律签订的合同确定。

第十二条　非国立教育机构

1. 非国立教育机构可按照俄罗斯联邦民法为非商业性机构所规定的法律—组织形式创办。

2. 非国立教育机构的活动为非本法所辖方面，应由俄罗斯联邦相应法律管辖。

第十三条　教育机构

1. 教育机构乃实施教育过程之机构，即实施一级或若干级教育大纲并且（或者）能够保证受教育者得到供养和培育的机构。

2. 教育机构为法人。

3. 教育机构按其组织—法律形式可以是国立的、私立的和非国立的〔私立的，社会和宗教组织（团体）创办的〕。

俄罗斯联邦教育法令的效力适用于俄罗斯联邦境内所有的教育机构，不论其组织—法律形式及隶属关系如何。

4. 教育机构包括下列类型：

（1）学前教育机构；

（2）普通教育机构〔含初等普通、基础普通、中等（完全）普通教育机构〕；

（3）初等职业、中等职业、高等职业、大学后职业教育机构；

（4）成人补充教育机构；

（5）为有发育偏差的受教育者而设的特殊（矫正）教育机构；

（6）特殊补充教育机构；

（7）为孤儿及失去家长（法定监护人）监护的儿童而设的教育机构；

（8）儿童补充教育机构；

（9）实施教育过程的其他教育机构。

5. 国立和私立教育机构的工作，受俄罗斯联邦政府批准的各该类型教育机构标准条例及依据条例制订的该教育机构章程的调节。非国立教育机构，则由教育机构标准条例行使示范条例职能。

6. 教育机构的国家地位（按其实施的教育大纲的层次和专业方向而定的该教育机构的类型、类别和级别）在办理其国家信托书时确定。

7. 教育机构的分部、分校及隶属部门可由机构委托全部或部分地履行法人权能，包括拥有独立核算权并在银行及其他信贷机构开设独立账户。

8. 教育机构有权建立教育联合体（协会和联合会），包括机构、企业及社会组织（团体）参加的联合体。此种联合体的建立以发展和完善教育为宗旨。并按其本身章程运转。教育联合体注册和工作方式按法律调节。

9. 俄罗斯联邦法令所规定的补充教育机构的权利和义务，也适用于其章程所定基本宗旨为从事教养工作、仅部分实施补充教育大纲的那些社会组织（团体）。

第十四条 教育机构章程

1. 教育机构章程中必须标明：

（1）教育机构的名称、所在地（法律上的实际地址）、法律地位；

（2）创办者；

（3）教育机构的法律—组织形式；

（4）教育过程的目标，所实施教育大纲的类型和类别；

（5）教育过程安排的基本情况，包括：

a. 教学和教育使用的语言（语种）；

b. 招生手续；

c. 各教学阶段的学习期限；

d. 学生除名程序和理由；

e. 学生中期鉴定的评定制度、鉴定方式和程序；

f. 学生的上课制度；

g. 所设收费教育服务、及提供服务的办法（合同制）；

h. 教育机构、学生和家长（法定代理人）三者关系细则的规定和确立。

（6）教育机构财务和经济管理工作的安排，包括下列各方面：

a. 对创办者划归教育机构的各项财产的使用；

b. 对教育机构工作在经费和物质—技术上的保障；

c. 教育机构财产的形成来源和方式；

d. 企业经营活动的实施。

（7）教育机构管理制度，包括：

a. 创办者的职权；

b. 教育机构管理部门的结构和组建程序，它们的权能及工作安排方式；

c. 教育机构人员配置程序及其工资待遇；

d. 教育机构章程修订程序；

e. 教育机构改组和撤除手续。

（8）教育过程参与者的权利和义务；

（9）对教育机构工作做出细则规定的局部性文书（命令、指示及其他文件）的清单。

2. 一般教育机构章程中不受俄联邦法律调节的部分，由教育机构自行制订，并由其创办者批准。

3. 必要时，本条目中所列教育机构工作的各个方面可由另外的局部性文件做出细则规定，此类文件须作为教育机构章程的补充文件予以登记。

4. 教育机构的局部性文件不得与其章程相抵触。

第十五条　对教育内容的总要求

1. 教育内容是一个社会的经济发展和社会进步的要素之一，其目标应指向：

（1）保证个人的自立，并为其自我实现创造条件；

（2）促进社会的发展；

（3）加强和完善国家法治。

2. 教育内容应当保证：

符合世界水平的社会普通文化和职业文化；形成学生符合现代知识水平和教育大纲级别（即修业阶段）的世界总图景。促使个人与民族文化和世界文化相融合；培养融合于其同代社会并抱有完善社会之志向的个人和公民；再生并发展社会所需的人才。

3. 任何一级的职业教育均应保证使学生获得从业能力和相应的职业资格。

4. 教育内容应当增进人与人、民族与民族之间的相互理解与合作，不论他们属于何种种族、民族、人种、宗教和社会，应考虑到世界观的多样性，应有助于学生实现自由选择观点和信仰的权利。

5. 具体教育机构的教育内容由该教育机构自行制订、通过和采用的教育大纲（各门大纲）确定。

国家教育管理机构保证按照国家教育标准拟定示范教育大纲。

6. 教育机构可依据其章程所定宗旨和任务实施补充教育大纲，在决定其地位的教育大纲之外（按合同）实施补充性教育服务。

7. 普通教育机构中的军训，只许在学生及（或）其家长（法定代理人）的同意下、按其选修课方式进行，其费用和人力由有关主管部门承担。

8. 教育机构在实施教育大纲时可利用文化机构的条件。

第十六条　对组织教育过程的总要求

1. 教育机构内教育过程的组织安排，由教育机构自行拟订并通过的教学计划（它把教育大纲内容按教程、科目和学年予以划分）、年度教学日程表和课程表作出细则规定。国家教育管理机构保证制订示范性的教学计划和各科教学大纲。

2. 国家权力机构、教育管理机构及地方自治机构无权更改基层教育机构业已通过的教学计划和教学日程表，但俄罗斯联邦法令所定情况除外。

3. 教育机构可以自主选择对学生的评价体制和中期鉴定方式、方法及周期。

4. 凡修完基础普通教育、中等（完全）普通教育和一切类型的职业教育的教育大纲的毕业生，均须进行毕业鉴定。

5. 对毕业鉴定的科学方法保障，对修完每一级教育的毕业生的培养质量的客观检查，均由独立于教育管理机构的国家鉴定服务机构根据国家教育标准予以实施。

6. 教育机构内的纪律应在尊重学生和教师的人格的基础上予以维持。不允许对学生采用肉体上和心理上的施暴方法。

7. 应保证未成年学生的家长（法定代理人）有机会了解教育过程

的进度及其内容，以及学生成绩的评定情况。

第十七条　对教育机构招收公民入学的总要求

1. 教育机构招收公民入学的程序，不由本法调节者由创办者制订，并在教育机构章程中加以固定。

国立和私立初等普通教育、基础普通教育、中等（完全）普通教育和初等职业教育等各级教育机构的招生程序由创办者制定。该程序应规定招收居住在本地区享有接受相应级别教育权利的所有公民入学。

2. 教育机构招收公民入学时，应向公民及其家长（法定代理人）介绍本机构的章程及规定教育过程组织安排的其他文件。

3. 招收公民进入国立和私立教育机构接受中等职业教育、高等职业教育和大学后职业教育，按公民的申报依据竞试进行。竞试条件应保证公民的受教育权得到维护，并保证使那些对于攻读相应水平教育大纲最有才能和最具备条件的公民受到录取。

孤儿和失去家长监护的儿童以及经医务—劳动委员会鉴定适宜于在相应教育机构学习的一、二级残疾人，凡顺利通过国立和私立中等和高等职业教育机构入学考试者，可不经竞试录取。

第十八条　普通教育大纲的实施

1. 普通教育大纲实施于学前教育机构，初等普通、基础普通、中等（完全）普通教育机构，其中还包括为发育不全的学生开设的特殊（矫正）教育机构及为孤儿和失去家长（法定代理人）监护的儿童而设立的教育机构。

2. 为发育不全的学生开设的特殊（矫正）教育机构的教育大纲在普通教育基本大纲的基础上照顾学生心理发展特点和能力而制订。

3. 学前教育、初等普通教育、基础普通教育和中等（完全）普通教育的教育大纲是相互衔接的，即依次地后者以前者为基础。

4. 初等普通教育和基础普通教育阶段的学生，凡未掌握学年内的教育大纲，两门或两门以上科目欠考者，可按家长（法定监护人）的意见作如下处理：留级；转入学校师生比例较小的补习班；或以家庭教育方式继续学业。

上述各教育阶段的在学者，在学年年终成绩中只有一门科目欠考的情况下，可以有条件地暂作升级。在下一学年期间消除欠考的责任由学生家长（法定代理人）承担。学生升级，在任何情况下均按教育机构管理机构的决定办理。

5. 凡未能掌握前一阶段教育大纲的学生，不得升入普通教育的下一阶段学习。

第十九条　学前教育

1. 父母乃首任教师。他们有责任在孩子的童年早期就为他的个性发展奠立身体、品德和智力基础。

2. 国家保证对童年早期孩子的教育给予财政和物质上的支持，保证各阶层居民都能享到学前教育机构的教育服务。

3. 学前教育机构网帮助家庭对学龄前儿童进行教育，保护和增进他们的身心健康，开发他们的智能，并对这些孩子的发展缺陷予以必要矫正。

4. 学前教育机构与家长（法定代理人）间的关系由他们之间的合同调节，合同不得限制双方的法定权利。

5. 地方自治机构应作好组织和协调工作，以对在家里教育学龄前儿童的家庭给以教学法、诊断和咨询方面的帮助。

第二十条　初等普通、基础普通、中等（完全）普通教育

1. 普通教育包括符合各相应水平教育大纲的三个阶段：初等普通教育、基础普通教育、中等（完全）普通教育。

2. 公民入学年龄及各个教育阶段的修业年限，由教育机构章程规定。

3. 基础普通教育为义务教育，修业期满后必须进行国家（卒业）鉴定。

4. 对于未在15岁前受完基础普通教育的每个具体受教者而言，该项义务性要求有效至年满15岁。

5. 在普通教育机构以面授方式接受基础普通教育的年龄最高限为18岁。本法第五十条第10～12款所列各类受教者，其接受基础普通教育的年龄限制可以放宽。

6. 在家长（法定代理人）和地方教育管理机构同意下，年满15岁的学生可以在未受完基础普通教育之前离开普通教育机构。

7. 对犯有违法行为或屡屡粗暴违反教育机构章程、年满 14 岁的学生，经教育管理机构决定，可以开除本教育机构。有关孤儿和失去家长（法定代理人）监护儿童的除名决定，须征得养育和监护机构的同意。

学生除名事宜应由教育机构负责于三日内报告地方自治机构。地方自治机构会同被除名学生的家长（法定代理人）在一个月内采取措施，解决其就业或在其他教育机构继续学业的问题。

8. 普通教育机构可与企业、机构、团体按合同并合作进行职业培训，作为补充教育服务项目（其中包括收费项目），但须拥有从事该项事业的相应许可证。初级职业培训只有在征得学生及其家长（法定代理人）的同意下方能进行。

第二十一条　职业教育大纲的实施

1. 职业教育大纲（包括为发育不全和残疾学生制订的职业教育大纲）在职业教育机构（包括为发育不全的学生而设的特殊教育机构）中实施。经国家认可的职业教育机构实施相应层次的上述教育大纲的宗旨在于：按照俄罗斯联邦政府拟定的行业和专业目录暨本法所定教育水平，培养具有熟练技能的工作人员（工人和职员）和相应水平的专业人员。

2. 中等（完全）普通教育的国家教育标准在初等职业教育或中等职业教育的教育大纲范围内、并照顾所受职业教育的专业侧重面予以实施。

3. 不得把公民受过任何一门其他职业教育当做拒绝招收他进入职业教育机构的理由。

第二十二条　职业培训

1. 职业培训的宗旨在于使学生快速获得从事某项工作或某类工作所需要的技能。职业培训并不能同时提高学生的普通教育程度。

2. 必要时，国家为不具备基础普通教育程度者创设接受职业培训的条件。

3. 职业培训既可以在初等职业教育机构内被接受，也可以在其他教育机构里被接受，如校际联合体、教学—生产工厂、教学工段（车间）、拥有相应许可证的组织培训部门。亦可在经过鉴定并拥有相应许可证的专业人员那里接受个别培训。

第二十三条 初等职业教育

1. 初等职业教育的目标是在基础普通教育的基础上培养从事社会有益活动各个主要方面的熟练劳动的工作人员（工人、职员）。

某些个别行业的初等职业教育，可以在中等（完全）普通教育程度的基础上进行。

2. 初等职业教育可以在初等职业教育机构（职业技术学校和该层次的其他学校）中被接受。

第二十四条 中等职业教育

1. 中等职业教育的目标是：培养中级专业人员，满足个人在基础普通教育、中等（完全）普通教育或初等职业教育基础上加深和提高教育程度的需求。

2. 具备中等（完全）普通教育或对口专业初等职业教育程度的公民，可按压缩加快的大纲接受中等职业教育。

3. 中等职业教育可在中等职业教育机构（中等专业学校）或在高等职业教育机构的第一阶段被接受。

4. 中等职业教育机构在拥有相应许可证的情况下，亦可实施初等职业教育的教育大纲。

第二十五条 高等职业教育

1. 高等职业教育的宗旨为：培养和再培训相应水平的专业人才，满足个人在中等（完全）普通教育、中等职业教育基础上加深和提高教育程度的需求。

2. 高等职业教育可在高等职业教育机构（高等学校）中被接受。

3. 具备对口专业的初等职业教育程度者，可按压缩加快的大纲接受高等职业教育。

4. 具备对口专业的中等职业教育程度者，可按压缩加快的大纲接受高等职业教育。

第二十六条 大学后职业教育

1. 大学后职业教育为公民提供在高等职业教育基础上提高教育程度、学术水平和教学技能水平的可能。

2. 大学后职业教育可以通过高等职业教育机构和科学研究机构中开设的研究生院、研究生部、研究班被接受。

第二十七条 补充教育

1. 补充教育大纲和补充教育服务的实施宗旨为：全面满足公民个人、社会和国家对教育方面的各种需求。

每一级职业教育范围内的补充教育的基本任务为：都是鉴于教育标准的不断提高，而不断地提高工人、职员和专业人员的业务水平。

2. 补充教育大纲包括在下列教育机构中实施的各种专业方向的教育大纲：在普通教育机构和各类职业教育机构中，已确定其地位的各门基本的教育大纲之外所实施的大纲；在补充教育机构（进修院校、进修班、职业定向中心、音乐学校、美术学校、艺术学校、儿童创造之家、少年科技站、少年自然科学家站及拥有相应许可证的其他少年教育机构）中实施的教育大纲；通过个别施教活动所实施的教育大纲。

第二十八条 教育证书

1. 教育机构对通过了卒业鉴定者应依照规定颁发相应的学历证书和（或）相应于许可证的专业资格证书。证书样式由教育机构自行确定。上述证书应加盖教育机构印章予以认证。

2. 取得国家认可并实施普通教育（学前教育除外）和职业教育大纲的教育机构，应为已通过卒业鉴定者颁发国家规定式样的、证明教育程度和（或）专业资格的证书。

3. 凡修完大学后专业教育并答辩通过专业资格作品（学位论文即科研工作的总结晶）的公民，应授予学位并颁发相应证书。

4. 国家式样的、相应教育程度的学历证书，是升入高一级国立或私立教育机构继续深造所必须具备的条件，除非有关教育机构的章程另有所规定。

证书中标明的初等职业、中等职业和高等职业的专业资格及大学后职业教育证书中所示学位，赋予其持有者从事职业活动的权利，其中也包括担任那些对相应学历规定有必须具备的专业资格要求的职务的权利。

5. 俄罗斯联邦规定有下列各级教育程度（学历资格）：

（1）基础普通教育；

（2）中等（完全）普通教育；

（3）初等职业教育；

（4）中等职业教育；

（5）高等职业教育；

（6）大学后职业教育。

6. 未能在某一级教育卒业者，发给规定格式的证明。

第三章 教育体系的管理

第二十九条 俄罗斯联邦在教育领域的权限

在教育领域，俄罗斯联邦通过联邦各国家权力机构和教育管理机构主管：

（1）联邦教育政策的制订和贯彻；

（2）在联邦权限范围内，以法律调节教育领域中的种种关系；

（3）在考虑社会经济、人口及其他条件和特点，包括考虑协助在其他国家使用俄罗斯联邦各民族语言安排教育问题等情况下，制订和实施联邦的和国际的教育发展纲要；

（4）组建并领导联邦国家教育管理机构及各主管部门的教育管理机构，并任命其领导人；

（5）在法律上和相应类别教育机构示范条例中别无另行规定的情况下，磋商任命联邦直属教育机构的领导人；

（6）规定创办、改组和撤销教育机构的程序；

（7）拟订进行职业培训和职业教育的职业和专业目录；

（8）开办、改组和撤销联邦直属教育机构，对教育机构进行鉴定和国家认定，建立独立于教育管理机构之外的国家鉴定—审查中心（国家鉴定机构）系统网；

（9）建立和协调对联邦教育发展纲要及教育方面的其他联邦专项纲要的物质—技术保障；

（10）制定和审批教育机构标准条例；

（11）规定教育机构办理许可证、鉴定书、国家信托书的程序；

（12）规定国立和私立教育机构教学人员及教育管理机构工作人员的鉴定程序；

（13）调节教育机构内部的劳动关系，规定教育机构的工作量和联邦工资标准；

（14）规定国家教育标准中的联邦成分，规定学历证书在俄罗斯联邦疆域内的等值性及外国学历证书在俄罗斯联邦境内的承认；

（15）每年确定教育拨款在联邦收入中的份额。编制联邦教育经费预算，筹集联邦教育发展基金；

（16）规定：

促进教育发展的赋税减免办法；

对学生教育拨款的联邦指标；

教育机构经费拨付制度；

俄罗斯联邦境内教育机构工作人员、相应的职业专业人员和国家教育管理机构工作人员工资和职务薪金的必行最低限额；

对教育机构的各类学生和国立和私立教育机构教育教学人员的优惠办法，以及对他们的物质保障项目和标准；

对公民提供个人教育贷款和偿还贷款的条例；

教育工作者的教育程度；

对教育机构在建筑标准、卫生标准、学生保健及保护居民和地区不受天然和人为意外灾害、教学过程的最低限装备及教学房舍设施等诸方面的联邦要求；

（17）向联邦直属教育机构直接调拨经费；相应类型教育机构标准条例中另有其他规定者，不在此列；

（18）为教育系统提供信息及科学和教法方面的保障；在权限范围内制订各类教程和教学科目的教学大纲和教学计划；组织教学书籍的出版和教学器具的生产。建立俄罗斯联邦统一的教育信息体系；

（19）组建教育工作人员和国家教育管理机构工作人员的培养和再

培训的联邦体系；

（20）监督俄罗斯联邦教育法令及各项国家教育标准联邦成分的执行情况；

（21）为教育工作者设立并颁发、授予国家奖励和荣誉称号；

（22）出版自己权限内的标准文件；

（23）为实施高等职业教育大纲和大学后职业教育大纲的教育机构办理许可证和颁发有权按该级大纲进行教育活动的许可证书。

第三十条　俄罗斯联邦各主体在教育领域的权限

俄罗斯联邦各主体在教育领域的主管事项包括：

（1）确定并贯彻不与俄罗斯联邦教育政策相抵触的教育政策；

（2）制订俄罗斯联邦各主体的教育立法；

（3）确定教育机构在开办、改组、撤销和拨款诸项制度方面的特殊性；

（4）贯彻联邦教育政策，通过向地方预算划拨补助金的方式加强国家对基础普通教育的普及性和义务性的财力保障；

（5）在考虑民族和地区的社会—经济、生态、文化、人口及其他特点的情况下，制订并实施共和国的、地区的（包括族际的）教育发展纲要；

（6）组建并领导辖内国家教育管理机构，任命其领导人员（须经过与联邦教育管理机构磋商同意）；

（7）开办、改组和撤销辖内相应的教育机构，为教育机构办理许可证手续，但按高等职业教育和大学后职业教育大纲进行教育活动除外；

（8）制订国家教育标准中的民族—区域成分；

（9）编制俄罗斯联邦主体在教育支出部分，及相应的教育发展基金部分的预算；

（10）规定地方教育捐税和教育捐款；

（11）规定共和国、地区教育经费拨款指标；

（12）安排地方教育管理机构和教育机构的经费拨款，在物质—技术保障方面向它们提供中介服务；

（13）为教育机构在建筑标准和规格、卫生标准、学生保健、教学过程的装备及教学用房的设备等诸方面的联邦要求作出补充；

（14）为教育机构的学生和教育工作人员的联邦要求作出补充；

（15）在自身权限范围内保证为教育机构提供信息，安排教学书籍的出版，制订示范性的教学计划及教程和科目大纲；

（16）组织教育工作人员的培养、再培训和业务进修；

（17）保证俄罗斯联邦教育法令的遵行，监督国家教育标准的履行；

（18）在自身权限范围内颁布标准文件。

第三十一条　国家权力机构与教育管理机构权限划分规程

（1）本法第二十八和二十九条对联邦国家权力机构、联邦教育管理机构和俄罗斯联邦各主体国家权力机构在教育方面的权限已做出全面规定，除法律另做规定外不得更改；

（2）联邦教育立法机构与执行机构在教育领域的权限划分、遵照调节俄罗斯联邦政府行为的俄罗斯联邦宪法规定；

（3）联邦各执行权力机构间教育权限的划分，由俄罗斯联邦政府确定；

（4）俄罗斯联邦各个主体的立法与执行权力机构之间以及它们的各下属机构间教育权限的划分，由各主体法律调节；

（5）联邦和各部门国家教育管理机构无权独立自行审议由本法划归俄罗斯联邦各主体教育管理机构及地方教育管理机构权限内的问题，但由俄罗斯联邦法令规定并涉及国家和社会安全保障、居民健康和卫生防疫安全保护及公民权利和自由维护者除外；

（6）联邦国家教育管理机构有权在其权限范围内对俄罗斯联邦领域内的任何教育机构和任何教育管理机构进行督察，同样也可以将此项权力授予其他国家教育管理机构。

第三十二条　地方自治机构在教育领域的权限

1. 地方自治机构应负责：

落实公民接受本法所规定的义务性的基础普通教育的权利；每年公布关于所辖地区内教育机构实施教育过程的条件是否符合联邦和地方要求等情况的统计平均指数。

2．地方自治机构特有的教育权限包括：

（1）规划、组织、调节和监督地方（市）教育管理机构和教育机构的工作，以贯彻国家教育政策；

（2）编制地方教育经费项目的预算和相应的教育发展基金，制订并推行地方教育系统经费指标；

（3）保证居于相应地区的公民有选择普通教育机构的权利；

（4）在本身权限范围内调节教育系统的财产关系；

（5）开办、改组和撤销市属教育机构；

（6）建立和撤销地方（市）教育管理机构和（或）自行管理的学区，确定其机构和权限，在与国家教育管理机构进行磋商的情况下任命地方教育管理机构领导人员；

（7）在相应类型教育机构标准条例或者地方自治机构决定未另作规定的情况下，任命地方教育机构领导人；

（8）修建地方教育机构的房屋和设施，整修其周边地段；

（9）监督教育机构租用房屋、建筑物和其他财产的条件；

（10）将国立和私立教育机构的文化、体育设施用来发挥教育效益；

（11）补充设立可促进教育发展的捐税和优惠项目。

3．某一教育机构占用地段为另一机构的地段的一部分的情况下，其教育权限的划分，按照俄罗斯联邦各主体的法规进行调节。

4．地方自治各组织之间教育权限的划分，按照地方自治机构章程（条例）的规定进行调节。

5．地方（私立）教育管理机构无权独立对划归国家教育管理机构权限范围内的问题自行进行审议。

第三十三条　教育机构的权限和责任

1．教育机构可在俄罗斯联邦法令、本类型教育机构示范条例及教育机构章程等法规的规定范围内独立实施教育过程，选拔和安排干部，开展学术研究、财务、经营及其他方面的工作。

2．教育机构的权限包括：

（1）在自身财力范围内，按照国家及地方标准和要求为教育过程提供物质—技术保障和装备及房舍设备；

（2）为实施本教育机构章程所定的各项活动吸引经费和物资上的补充来源，包括使用银行贷款；

（3）每年向创办者和社会各界提交关于经费和物资的收支报告；

（4）选拔、任用和安排干部，并对干部业务水平负责；

（5）组织和完善教育过程在教学法上的保障；

（6）制订和审批教育大纲和教学计划；

（7）制订和审批教程和科目的工作纲要；

（8）在与地方自治机构协商同意下，制订和审批年度教学日程表；

（9）建立教育机构的工作管理机构，确定人员编制和职务分工；

（10）在本身财力范围内并参照联邦和地方规定标准限额的情况下，确定本教育机构工作人员的工资定额和职务薪金；

（11）确定本教育机构工作人员的工薪补贴和附加额，制订人员奖励办法和额度；

（12）制订并通过教育机构章程；

（13）制订并通过教育机构内部规章及其他局部性条例；

（14）在本类型教育机构标准条例和本法中别无其他规定的情况下，可在限额许可证所定名额范围内自行确定学生名额；

（15）依照教育机构章程、许可证和国家信托书，自行实施教育过程；

（16）依照本单位章程暨本法要求，对本教育机构学生进行学习成绩的日常检查和中期鉴定；

（17）检查是否对个别类型的学生提供俄罗斯联邦法令、俄罗斯联邦主体法令及地方自治机构法律条令所规定的优待项目和各项物质保障；

（18）在寄宿教育机构保证为学生提供不低于标准的生活条件；

（19）教育机构应为下属的公共饮食部门和医务机构的工作创设必要条件，并对其工作进行监督，使教育机构的学生和工作人员的身体健康得到保护和增强；

（20）协助教师（教育）组织（团体）和教学法团体的活动；

（21）协调教育机构中的种种合法社会组织（团体）、其中包括儿童和青年团体（组织）的活动；

（22）开展俄罗斯联邦法令允许的、教育机构章程规定的其他活动。

3. 按俄罗斯联邦法令的规定，教育机构对下列事宜承担责任：

（1）未履行其权限所赋职能；

（2）未能按教学计划和教学过程全部完成教育大纲；本教育机构毕业生的教育质量；

（3）本教育机构学生和工作人员在教育过程期间的生命和健康；

（4）本教育机构学生和工作人员的权利和自由遭受侵害；

（5）俄罗斯联邦法令规定的其他行为。

第三十四条　教育机构的开办程序和工作细则

1. 教育机构的建立，由创办者依照俄罗斯联邦法律程序主动提出申请，并由被授权机构予以注册。

2. 教育机构的注册不得因不适当的理由遭到拒绝。遇有注册被拒绝或被搁置时，创办者可向法院提出申诉。创办者的申诉必须在一个月内予以审理。

3. 办理教育机构的注册，创办者应呈交注册申请书、创办者关于开办教育机构的决定或者创办者与各方的相关协议书、教育机构章程及已付清国家注册费的单据。

4. 注册全权机构应于一个月内办理完毕教育机构的注册事宜，并以书面方式告知申请人，并通告财政部门和相应的国家教育管理机构。

5. 教育机构开展其章程所定的、旨在为教育过程做准备的财务—总务方面的法人权利，自该教育机构注册完毕之时起生效。

6. 教育机构开展教育活动和享受俄罗斯联邦法令规定的优惠待遇的权利，均自为其颁发许可证时起生效。

7. 教育活动开展权的许可证，由国家教育管理机构或者由俄罗斯联邦主体依法授予了相应全权的地方自治机构根据鉴定委员会所作结论予以颁发。宗教组织（团体）的教育机构之教育活动开展权许可证，根据相应教会领导的申请予以颁发。

8. 鉴定委员会由国家教育管理机构或由俄罗斯联邦主体依法授予全权的地方自治机构根据创办者提出的申请设立，其工作期限为一个月。鉴定委员会由国家教育管理机构、地方自治的相应机构和（或）

地方（市属）教育管理机构以及现有教育机构和社会界诸方面的代表按均等原则组成。

9. 鉴定委员会的工作对象及内容为，查明拟办的教育机构所施教育过程的条件是否符合国家和地方对以下诸方面的要求：建筑标准和规格、环境和卫生标准、对教育机构内学生和工作人员的健康保护、教学用房设备、教学过程的装备、教学人员的学历及定员编制。教学过程的内容、组织和教学法不属于鉴定对象。

10. 鉴定委员会的要求不得超过教育机构注册所在地的平均统计指标。

11. 办理鉴定的费用由创办者支付。

12. 在颁发给教育机构的许可证中，应载明监督标准、学生人数的最高限额及许可证的有效期。

13. 对依据鉴定委员会的结果所做出的拒发许可证的否定性决定，创办者可向法院提出申诉。法院应对创办者的申诉在一个月内予以审理。

14. 教育机构，不论其法律—组织形式如何，其遵守许可证所定各项条件的情况，由颁发许可证的国家教育管理机构或地方自治机构进行监督。如违反上述条件，许可证应予撤销。

15. 复办许可证，仍按初办程序办理。

16. 教育机构给其毕业生颁发国家规定格式的相应教育程度的证书，使用带有俄罗斯联邦国徽标志的公章以及普通教育机构被纳入国家财政集中拨款体系等项权利，均自获得国家信托证书因而确认其国家认可之时起生效。

17. 教育机构的国家信托证书确认的是：教育机构的国家地位、它所实施的教育大纲的档次、毕业生的培养质量和内容符合国家教育标准要求及向毕业生颁发国家格式的相应教育程度证书的权利。

颁发给学前教育机构和儿童补充教育机构的国家信托证书确认：该教育机构的国家地位、它所实施的教育大纲的档次及该教育机构的类别。

18. 教育机构的国家信托，由联邦的和主管部门的国家教育管理机构或由它们委任的其他国家教育管理机构根据教育机构的申请书及其鉴定书办理。

19. 教育机构的鉴定，由国家鉴定服务机构或者其委托或委任的国家权力机构、教育管理机构和地方自治机构并吸收重点教育机构和社会各方来进行。如果法律上来作其他规定，鉴定每五年举行一次。办理鉴定的费用由教育机构支付。

20. 鉴定的目的和内容为：判定教育机构培养毕业生的内容、水平和质量是否符合国家教育标准的要求。教育机构接受鉴定的条件为：连续三年内其毕业生结业鉴定成绩优良者不少于总人数的一半。

新建教育机构的首次鉴定可以在首届毕业生后按其申请进行，但不得早于该教育机构获得许可证之后的三年期内，且半数以上的毕业生的结业鉴定成绩为优良。新建初等普通、基础普通、中等（完全）普通教育机构的首次鉴定，可按教育层次即初等普通—基础普通—中等（完全）普通教育分阶段进行。

21. 国家鉴定服务机构的鉴定结果中只有鉴定程序部分可以诉诸法庭。教育机构被拒绝国家认可信托十二个月之后，才有权提出进行重新鉴定的要求。

22. 学前教育机构、孤儿和无家长（合法代理人）监护儿童的教育机构、为发育不全受教者而设的特殊（矫正）教育机构、补充教育机构以及新开办的实验教育机构的鉴定，由相应的国家教育管理机构按照各教育机构标准条例的规定进行。

23. 教育机构可能因鉴定结果失去国家信托。

24. 教育机构分校（分部）的注册手续按其实际地址办理，而办理许可证、鉴定书和国家信托证书均按本法为教育机构规定的通用程序进行。

25. 教育机构可以获得国际的各种社会教育机构、科学机构和工业机构的社会信托。但这种信托不应享受国家额外的拨款权利。

第三十五条　教育机构的改组和撤销

1. 教育机构可由创办者决定改组为另一教育机构。但该种改组不得导致破坏教育机构的义务，或者可由创办者自行承担应有责任。

2. 在教育机构改组（改变组织—法律形式、国家地位）的场合中，其章程、许可证和国家信托证书等即告失效。

3. 国立教育机构移交地方自治机构管理，只有取得后者的同意，才是被允许的。

4. 教育机构的撤销可按如下依据施行：

由创办者或由创办文件授此全权的法人机构作出决定；

由法院因从事无相应许可证的活动、非法活动、从事不符合其章程宗旨的活动而作出的裁决。

5. 农村学前教育机构或者普通教育机构的撤销，只有在取得该机构所服务地区居民大会的同意下方可施行。

第三十六条 国立和私立教育机构的管理

1. 国立和私立教育机构的管理，遵照俄罗斯联邦法令及相应教育机构的章程实施。

2. 国立和私立教育机构的管理按一长制和自治原则建立。教育机构自治形式有教育机构委员会、监督委员会、全体大会、教育委员会及其他形式。教育机构自治机构的选举方式以及机构职能，均由教育机构章程规定。

3. 国立和私立教育机构的直接管理，由通过了考核的教育机构主任、校长、大学校长或其他领导人（行政长官）负责施行。联邦直属国立教育机构领导人的地位由俄罗斯联邦政府确定。

4. 国立和私立教育机构领导人可依该教育机构章程按以下某种方式产生：

（1）由教育机构集体选举；

（2）在与创办者预先磋商确定候选人（若干候选人）的情况下，由教育机构集体选举；

（3）教育机构集体选出后由创办者核准；

（4）由创办者任命，同时教育机构委员会有否决权；

（5）创办者任命；

（6）创办者雇请。

普通的高等职业教育机构的校长不许任命。

5. 教育机构委员会与首席行政长官间的职权划分由教育机构章程确定。

6. 国立和私立教育机构领导人不准兼任教育机构以内或以外的其

他领导职务（科研和科学方法领导工作除外）。

7. 国立和私立教育机构及其分校（分部）的领导职务不许同时兼任。

第三十七条　非国立教育机构的管理

1. 非国立教育机构的领导，直接由创办者或者由其筹组的监督委员会凭创办者的委托施行。

2. 监督委员会的权能，非国立教育机构的内部管理体制以及上述教育机构领导人的任命或选举程序和领导人的职权等，均由该教育机构创办者（监督委员会）在与教学人员集体磋商同意下确定，并固定于非国立教育机构章程之中。

第三十八条　俄罗斯联邦教育管理机构

1. 俄罗斯联邦设立并运转的国家教育管理机构如下：

联邦（中央）国家教育管理机构；

联邦各部门教育管理机构；

俄罗斯联邦各主体教育管理机构。

2. 国家教育管理机构遵照相应国家权力机构与相应国家立法（代表）权力机构磋商作出的决定而建立。

3. 地方（市属）教育管理机构可按相应地方自治机构的决定建立。

4. 教育管理机构的工作应专注于保证联邦教育发展纲要、国家教育标准的贯彻并使教育系统按照国家标准的水平发挥职能。

5. 国家教育管理机构的权限中必须包括下列事项：

（1）制订并实施教育领域的联邦专项规划和族际专项规划；

（2）制订国家教育标准，并建立教育证书等同制；

（3）对教育机构施行国家信托，协助教育机构的社会信托；

（4）规定各类和各种教育机构执教人员的学历要求；

（5）建立教育系统的结构，拟定实施职业培训和职业教育的行业和专业目录；

（6）为其创办的教育机构的活动直接拨款；

（7）建立稳定和发展教育系统的国家基金；

（8）拟定对教育机构的国家拨款标准，以及对教育过程的物质技术保障和装备方面的标准；

（9）对教育机构网的发展进行预测，草拟从联邦预算中为区域教育发展之需调拨补助专款方面的建议书；

（10）对俄罗斯联邦教育法令、国家教育标准及教育系统预算和财政纪律的执行和遵守情况进行监督。

6. 教育管理机构对其管辖的教育机构实行监督。教育机构出现违犯俄罗斯联邦教育法令和（或）本机构章程的情况时，国家教育管理机构有权命令制止教育机构在这方面的工作，直至司法部门裁决为止。

第三十九条 国家对所信托的教育机构的教育质量的监督

1. 国家考评机构可以对拥有国家信托证书的教育机构因其教育质量问题和（或）其教育不符相应国家教育标准问题而提出补偿要求。

2. 由最高国家考评机构受理提出上述补偿要求问题，其受理根据是：

（1）针对实施普通教育大纲的教育机构者：有教育机构学生家长（合法代理人）全体大会决议；有教育机构所在地的国家考评机构分部的正式呈文；

（2）针对实施职业教育大纲的教育机构者：有教育机构学生全体大会决议；有国家居民就业服务机构的正式呈文。

3. 无论是同意提出补偿要求或是回绝呈报者的有关要求，其裁决均由国家最高考评机构作出，并告知呈报者。呈报者对国家考评机构回绝提出补偿要求的裁决不服，可向法院提出申诉。申诉应由教育机构注册地的法院审理，在两个月内裁定，该级法院的裁定为最终裁定。

4. 两年之内被两度提出补偿要求的教育机构，其国家信托证书将自动失效。国家信托的恢复，仍按初次审办程序办理。

第四章 教育系统的经济

第四十条 教育系统的财产归属关系

1. 为了保证教育工作依照教育机构章程正常进行，创办者应将产权为自己所有的或由他租赁第三者（所有者）的所有权范围内的财物

（土地、房屋、设施、器材、设备以及消费、社会、文化及其他用途的必要物资）划归教育机构使用。固定给国立和私立教育机构的土地可无限期无偿使用。

2. 由创办者划归教育机构的各项财产由该机构运作管理。

3. 教育机构对归其使用的固定财产的完好无损和有效运用，向所有者负责。对教育机构这方面行为的监督，由创办者或由所有者授权的其他法人负责施行。

4. 划归教育机构使用的国有和私有财产，可由所有者按照俄罗斯联邦法令、俄罗斯联邦各主体法令及地方自治机构按其权限范围通过的法律文件的规定和条件予以收回。

5. 非国立教育机构对原先由国家和（或）地方划归其使用或由其租赁的财产，享有购买优先权。

6. 对划归教育机构的财产的停止使用和（或）收回，只能在所有者（其授权法人）与教育机构之间、或者所有者（其授权法人）与创办者之间的合同期满之后方可施行，而且须以合同中别无其他约定为前提。

7. 凡由自然人和（或）法人以馈赠和捐助方式或按遗嘱移交教育机构的资金、财物和其他财产，其所有权归属于该教育机构。教育机构还对作为其工作成果的智力和创作劳动产品以及由教育机构本身工作而取得的收入及凭这种收入置办的财产，也拥有所有权。

8. 非国立教育机构可以依据法定的通用根据被确认为破产者。

9. 教育机构承担对其主管的资金和归其所有的财产负责的义务。当教育机构出现上述资金欠缺情况时，按法律规定应由创办者对之负责。

10. 教育机构如被撤销，它拥有所有权的资金及其他财产依照教育机构章程，除用以偿还其债务者外，均投向发展教育。

11. 教育机构有权充当财产承租者和出租者。国立或私立教育机构在该教育机构委员会同意下，有权按不低于当地形成的价格出租划归其使用的财产和土地，而不得赎回。

12. 如果国立或私立教育机构的创办者和划归该教育机构的财产所有者均为同一行政地区单位的国家权力机构或地方自治机构时，对划归其使用的诸项财产均不予收取租赁费，而日常维修和大型修缮费用及该教育机构的日常经费，在创办者与教育机构间的合同别无其他约定的情况下，均由创办者（所有者）承担。

13. 国立和私立教育机构不得私有化，在运作管理权上固定给它们使用的或处于它们独立支配下的那些生产和社会基础设施，包括分布在教学、生产、社会、文化建筑内的住宅用房和农村地区的宿舍用房，以及处于教育机构运作管理下的或其他管辖下的医学教育机构之医疗门诊基地也都不得私有化。

第四十一条　教育优先地位的国家保证

1. 俄罗斯联邦公民接受国家教育标准范围教育的国家基本保证，乃是国家和（或）市级的教育拨款。

2. 国家保证每年拨出不低于国民收入10％的资金用于教育需要，以及保证联邦预算、俄罗斯联邦各主体预算和地方预算中相应支出项目得到维护。教育机构经费的金额和标准应随通货膨胀率予以调整。高等职业教育经费的拨款份额不得低于联邦预算支出部分的3％。同时，居住在俄罗斯联邦的每万人中应有170名以上的大学生在国立高等职业教育机构的学习费用由联邦预算提供资金。

3. 教育机构，无论其组织—法律形式如何，其章程中规定的非企业性活动部分免除一切捐税，包括土地使用费。

4. 为了吸引向教育系统的投资，国家制定专门的税款优惠办法，优待那些为俄罗斯联邦教育系统的发展而做出资金投入，包括实物投资的企业、机构、组织（无论其组织—法律形式如何）及个人，包括外国公民。提供这种优惠的性质、幅度和程序，均由俄罗斯联邦法律规定。雇主负有责任以提高与之处于劳务关系中的工作人员的业务水平。不论其组织—法律形式和所有制形式如何，企业、机构和组织的此项经费的最低额以及经费的使用方式，均由俄罗斯联邦政府规定。

5. 将其财产租赁给教育机构的产权人，国家对其不动产规定征税优惠办法。

6. 销售给教育机构的团体产品，计税与消费品等同。

7. 国家向家长（法定代理人）发放子女抚养津贴至俄罗斯联邦法定年龄，发放低收入家庭子女津贴、多子女和单身母亲（父亲）和自幼残疾者津贴、现役军人子女津贴、寻觅父母期间的未成年儿童津贴，以及俄罗斯联邦法定的其他社会津贴。上述津贴金额均不列入公民应缴所得税之收入内。

8. 对在家庭中教育培养未成年儿童的家长（法定代理人）发给补助金，其金额以国家（包括主管部门）和地方拨款指标为相应阶段国立和私立教育机构的每名儿童所规定的教育费用为标准。补助金由相应类别的国立和私立教育机构的创办者出资发放，发至受补助的孩子受完中等（完全）普通教育或初等职业教育、或者在年龄上达到俄罗斯联邦法定发放补助金儿童限定年岁期满为止。所发此项补助金金额不计入公民应缴所得税收入之内。

第四十二条　教育机构的财经拨款

1. 教育机构的活动由创办者按照双方签订的合同拨付经费。教育机构也可以按照与创办者签订的合同自筹资金开展其活动。

2. 教育机构的经费按照国家（包括主管部门）和地方经费标准拨给。此项标准按每个类型和级别的教育机构用于一名学生的费用计算确定。对于农村小型教育机构以及被国家政权机构和教育管理机构划作此类型的教育机构来说，其拨款标准须考虑到与不依学生人数计算的费用。

3. 教育机构拨款的联邦标准，每年由联邦法及与联邦法同时通过的当年预算案确定。该标准是允许通行的最低标准。

4. 地区和地方拨款标准应考虑教育机构的特殊性，并应足以支付该地区教育机构在教育过程方面及房屋、设施和必备设备的使用方面的平均日常费用。

5. 国立和私立教育机构的经费方案由相应类型教育机构的标准条例确定。

6. 非国立教育机构的拨款标准不得低于该地区同类国立和私立教育机构的拨款标准。

7. 非国立普通教育机构自该教育机构由于实施了基本的普通教育大纲而获得国家信托之时起，便取得享有国家和（或）地方拨款的权利。

8. 教育机构，无论其组织—法律形式如何，均有权吸收俄罗斯联邦法令规定的补充资金，其中包括以提供有偿的补充教育服务和教育机构章程规定的其他服务项目所获资金，以及自然人和（或）法人，包括外国公民和（或）外国法人的自愿捐款和专项资金（包括外汇资金）。

9. 教育机构吸收本条第 8 款所述补充资金不应导致降低创办者应拨资金的标准或绝对金额。

10. 国立和私立中等职业和高等职业教育机构有权在创办者拨款所支持的招生任务（控制数字）之外，按照自然人和或法人签订的合同，有偿培养和再培训技术人员（工人、职员）及相应教育程度的专业技术人员。国立和私立中等职业和高等职业教育机构按照与自然人以及与非国家企业、机构和团体的合同招生培养法律学、经济学、经济管理、国家和市政管理等方面的专业人才的名额不得超过该专业招生额的 25%。高等职业教育机构依据相应合同对外国公民进行的收费教学享有不受此项限额限制的权利。

第四十三条 中等职业和高等职业教育在经济上的特殊性

1. 通过竞试在国立中等职业和高等职业教育机构免费接受国家教育标准的联邦成分范围内的中等职业和高等职业教育，由联邦预算资金和俄罗斯联邦各主体预算资金按免费生招生名额（控制数字）拨付经费。

2. 由联邦预算资金支持学习费用的招生名额及其结构，按俄罗斯联邦政府规定的办法确定。

3. 在俄罗斯联邦各主体实施国家教育标准的地区成分的场合中，则与此相关联的大学生免费上学的费用也随之由俄罗斯联邦对该主体的预算资金予以拨付。

4. 教育机构在所拥有的预算内和预算外资金额度内，可以自行拟订并实施对学生的社会助学措施，包括根据学生具体的社会状况和学业成绩设立社会补助金（助学金）、其他补助金和优惠办法。如在伙食费，返回住地的旅费及购置学习用品和用于保健开销等方面的补助和优惠，还可以制订住宿费和市政、日常生活及其他与教育过程无直接联系的服务费用方面的收费办法和标准。

联邦预算中还应划出资金用于维持中等职业教育和高等职业教育

系统的宿舍及其他社会、文化设施，并用于学生社会保护措施的实施。同时，应使每月预算拨款中用于维持中等职业和高等职业教育学生的上述诸项措施的费用，相当于最低工资金额的一倍半至两倍的资金。

5. 国立教育机构可自行确定其预算内和预算外资金的使用方向和程序，其中包括用于本教育机构工作人员的工资和物质奖励的资金额度。

6. 为了建立中等职业教育和高等职业教育机构在读学生的社会资助体制，应设立以个人社会教育贷款为形式的专项贷款制度。关于个人社会教育贷款的条例由俄罗斯联邦政府制定和批准。

第四十四条 教育机构的财力和物力使用权

1. 教育机构独立行使财务—经济行为。它在银行和其他信贷机构拥有独立的收支平衡表和结算户头，包括外汇户头。

2. 凡由创办者划归教育机构使用或原属教育机构所有的财力和物力，在俄罗斯联邦法令别无其他规定的情况下，均由该教育机构依据其章程自行斟酌使用，并且不得没收。

3. 教育机构当年（当季、当月）未用完的拨款不得没收或由创办者转入该教育机构下一年度（下一季度、下一月份）的拨款额度内。

4. 教育机构只能以其自身财产参与公司（股份公司）及其他社团的法定基金。

5. 教育机构有权在征得所有者同意下将后者划归它使用的资金和其他资产用于它可取得收入的活动。遇此情况时，所有者即取得从教育机构利用其所划资产的所得中获得部分收入的权利，其额度由双方间的合同确定。

第四十五条 教育机构的物质技术基础

1. 教育机构有义务将划归它使用和（或）它拥有所有权的房屋、设施、什物、设备及其有消费、社会、文化和其他用途的财产，维持在不低于按当地现行标准规定的水平之上。

2. 国立或私立教育机构物质技术基础的发展，由教育机构本身在为它划定的（预算的）和自己拥有的资金范围内去实现。

3. 国家和地方（市属）教育管理机构有责任为所管辖的教育机构（当后者有此需要时）在解决物质技术基础的养护和发展问题上按合同

原则给以中介性服务。

第四十六条 国立和私立教育机构的有偿补充教育服务

1. 国立和私立教育机构有权为居民、企业、机构和团体提供相关教育大纲和国家标准之外的有偿补充教育服务，如按补充教育大纲进行的教学、专门课程和系列科目的讲授、家庭补习、为加深学习科目的学生上课等。

2. 国立或私立教育机构由上述活动所获得的收入，除去创办者（所有者）应得部分外，均可用作本教育机构的再投资，包括增加工资开支和由教育机构斟酌用作其他开销。该项活动不属于企业性活动。

3. 有偿教育服务不得用来取代由预算拨款提供经费的教育活动。否则，创办者可没收这种活动所得收入并纳入其预算之内。教育机构也有权对创办者的这种行为向法院提出申诉。

第四十七条 非国立教育机构的有偿教育活动

1. 非国立教育机构有权向学生收取教育服务费，其中包括国家教育标准范围内的教学费用。

2. 非国立教育机构在教育工作上的收费，如做到将此项收入全部都用于补偿教育过程的保障费用（包括工资支出）和本教育机构在这方面的发展和完善上，则不应把收费活动视为企业性活动。

3. 非国立教育机构与学生及其家长（法定代理人）间的相互关系通过合同调节，合同中应确定教育程度、学习期限、学费全额及其他条件。

第四十八条 教育机构的企业性活动

1. 教育机构有权从事由其章程规定的企业性活动。

2. 教育机构的企业性活动有：

出售和出租教育机构的固定资产和财物；

经销购进的商品和设备；

提供中介服务；

入股参与其他机构（包括教育机构）和团体的活动；

购买股票、债券及其他有价证券，并借以获取收入（股息、利息）；

从事与章程规定的自产产品、工程、劳务及其销售无直接联系的其他有收益的非销售性业务。

3. 教育机构在出售本机构章程规定的产品、工程和劳务的活动中，只有其收益不直接再投入本教育机构及（或）其直接需要和用于发展和完善本教育机构的教育过程（包括用于工资）的那部分活动，才属于企业性活动。

4. 教育机构在其企业性活动方面等同于企业，因而俄罗斯联邦有关企业活动方面的法规对之同样有效。

5. 教育机构的企业性活动如导致损害教育活动时，创办者或者地方自治机构有权予以制止，直至法院就此问题做出裁决。

第四十九条 个人从教活动

1. 伴随有收益的个人从教活动被视为企业性活动，应依照俄罗斯联邦法律进行注册。

2. 个体从教活动无须办理许可证。进行注册时，只需向地方自治机构呈递申请书和缴纳注册费的凭证即可。

3. 未经注册不得从事个体教育活动。从事此项活动并触犯俄罗斯联邦法令的自然人，则应依据俄罗斯联邦法律承担相应责任，由该项活动取得的全部收入应予没收，并按规定程序归入有关地方预算案的收入项内。

第四五十条 对不良教育质量所致损失的赔偿

1. 国家信托的教育机构如出现毕业生培养质量不良情况时，国家可通过教育管理部门对该教育机构就这些毕业生在其他教育机构进行再培养的追加费用的赔偿问题提出诉讼。

2. 起诉的依据为国家考评部门对学生培养质量的申诉。诉讼应由教育机构所在（注册）地法院在两个月内作出裁定。该级法院的裁定为最终裁定。

第五章 公民受教育权的社会保证

第五十一条 学生、受教育者的权利和社会保护

1. 教育机构的学生、受教育者的权利和义务由该机构章程及按章程制订的其他局部性条令规定。

2. 俄罗斯联邦成年公民享有选择教育机构和选择受教育形式的权利。

3. 在未获得国家信托的教育机构里及以家庭教育和自学形式受完教育的公民,有权在相应类型的得到国家信托的教育机构里以校外考生方式接受鉴定。

4. 所有教育机构的学生均享有下列各项权利:按照国家教育标准接受教育;在国家标准范围内按个别教学计划进行学习;在速成班进行学习;免费使用图书馆的图书信息资源;接受补充教育服务(包括收费的);参与教育机构的管理;本身人格受到尊重;享得信仰自由和信息自由;能自由表达个人意见和观点。

公民在国家教育标准范围内按照个别教学计划的学习及学生参与教育机构管理的方式,均由本教育机构章程订立实施细则。

5. 凡拥有国家信托书的教育机构,不论其组织—法律形式如何,其毕业生均享有同等权利升入高一级教育机构。

6. 国立或私立教育机构的创办者应在其管辖的范围内按照现行标准向这些教育机构的学生提供助学金、宿舍住处、优惠的或免费的伙食、交通工具及其他项目的优惠和物质帮助。

7. 俄罗斯联邦公民有权在国立或私立教育机构里,在接受国家教育标准范围内免费接受首次初等普通、基础普通、中等(完全)普通教育和初等职业教育,并在竞试基础上免费接受首次中等职业、高等职业、大学后职业教育。俄罗斯联邦公民在失去按原有职业和专业工作的可能性时,在遭患职业病和(或)残疾时,及在俄罗斯联邦法律规定的其他场合中,有权按规定程序在国家就业服务方向上多次接受

免费职业教育。

8. 凡在教育机构按面授—函授（夜校）和函授方式完成教学计划者，均可在原工作单位享受工资照发的补充假期、缩短工作周及俄罗斯联邦法律规定的其他优待。

9. 孤儿和无家长（法定代理人）监护的儿童在教育机构里的生活费用和学习费用全部由国家承担。

10. 教育管理机构为发育不全的儿童和少年开办特殊（矫正）教育机构（班、组），对他们进行治疗、教育和培养，使他们适应并能融入社会。

对上述教育机构按较高标准予以财政拨款。

需送往上述教育机构学习的以及完全由国家供养的学生类别，由俄罗斯联邦政府确定。

只有征得家长（法定代理人）的同意并按心理教育和医学教育委员会的结论通过才能由教育管理机构送发育不全的儿童和少年进上述教育机构。

11. 有越轨（有社会危害性）行为的、年满 11 岁的少年需要特殊的教育和学习条件，须在教育上特殊对待，为他们开设专门的教育教养机构，施以社会医疗复轨措施，进行教养和职业培训。

送此类少年进这种教育机构，只许依照法院决定进行。

12. 劳动教养机构和劳动改造机构的行政当局和国家教育管理机构应为收养在这些机构内的公民接受基础普通教育、初等职业教育和职业培训以及自学创造条件。

13. 国家政权机构和教育管理机构可以为显示出突出才能的儿童、少年和青年开设非一般模式的高等级教育机构。

此类教育机构的超标准经费由创办者拨付。

进上述教育机构的儿童、少年和青年的选拔标准由创办者制订，并向社会公布。

14. 未经学生及其家长（法定代理人）的同意，不得吸收一般教育机构学生参加未列入教育大纲的活动。

15. 不允许强迫学生、受教者加入社会组织、社会政治组织（团体）、运动和党派，也不允许强行吸收他们参加这些组织的活动，参加宣传鼓动运动和政治行动。

16. 一般教育机构学生和受教育者享有自由参加教学计划外活动的权利。

17. 当普通教育机构或初等职业教育机构停止办学时，其主管教育管理机构在征得家长（法定代理人）的同意下，负责将学生转入同类的其他教育机构。

18. 当国立或私立普通中等职业或高等职业教育机构停止办学时，其学生转入同类的其他教育机构学习。

此种情况下，学生所借（与他们在其他教育机构继续学业无关）本学年的个人银行教育贷款不予收回。

19. 在读学生和受教育者有权转入实施同样水准教育大纲的其他教育机构学习，但须取得该教育机构的同意并顺利通过鉴定。

20. 拥有国家信托证书的非国立教育机构的在读学生有权享有俄罗斯联邦法令为国立和私立教育机构学生规定的优惠待遇。

21. 考入高一级别（高一阶段）教育机构的学生当其在该级别该阶段职业教育机构的日课制部学习期间，享有缓期应征服兵役的权利。

22. 国家保证为儿童和少年建立社会保护机制，保证在企业里为孤儿及发育和行为上有缺陷的毕业生保留就业的定额岗位，制订并实施专项大纲来确保儿童权益的维护，生命和健康的保护及避免受形形色色的歧视。

第五十二条　学生的健康保护

1. 教育机构须创设足以保护和增进学生健康的条件。

学生的学习负担和课业安排均由教育机构章程基于同卫生部磋商一致的意见规定。

2. 为需要长期医疗的儿童设立康复性教育机构，包括疗养院型教育机构。教育机构为这些孩子上课，可以在家里或医疗机构进行。

3. 教育机构的教学人员必须进行体检。体检费用由创办者支付。

4. 教育机构学生的医务服务由卫生部门保证。教育机构应为医务人员的工作提供房屋和必要条件。

5. 教育机构的课程表应当为学生就餐等活动留出足够的课间休息时间。地方自治机构将教育机构的伙食安排交付给教育机构和公共饮食机构办理。教育机构中应当设有学生就餐用房。

6. 通货膨胀带给学生伙食和保健费用的损失全部由国家弥补。

7. 依照俄罗斯联邦法令和各教育机构的章程，为教育机构学生的学习、劳动和休息创设必要条件的责任，应由本教育机构的负责人员承担。

第五十三条 家长（法定代理人）的权利和义务

1. 未成年儿童的家长（合法代理人）在其子女未受完基础普通教育之前，有权选择学习形式和教育机构，有权维护孩子的合法权益和参与教育机构的管理。

2. 学生家长（合法代理人）有遵守教育机构章程的义务。

3. 家长（合法代理人）有权在家里授予孩子初等普通、基础普通和中等（完全）普通教育。在家庭受教育的儿童有权在学习的任何阶段，在对其鉴定合格的情况下，经家长（合法代理人）决定转入教育机构继续接受教育。

4. 学生家长（合法代理人）对学生的思想品德教育和接受基础普通教育承担责任。

第五十四条 从事教育工作

1. 教育机构工作人员配备方式由教育机构章程规定其细则。

在教育机构执教者必须具备该类教育机构标准条例所规定的教育程度上的资格。

2. 凡因法院判决或因医学禁忌而禁止从教者，以及因某种犯法行为而有前科者，一律不得在教育机构从事教育工作。

第五十五条 教育机构工作人员的工资待遇

1. 教育机构工作人员完成劳动合同（契约）规定的职责和工作任务，即付给工资和职务薪金。教育机构工作人员完成其他工作或担负其他责任者，按补充合同付酬，俄罗斯联邦法律有所规定者除外。

2. 教育机构工作人员的最低工资和职务薪金定额，按高于俄罗斯联邦平均工资水平的额度制订。

3. 教育机构教育人员的工资和职务薪金按以下标准制订：

高等职业教育机构中的教授教学人员——比工业部门工作人员的平均工资高一倍；

中小学教师及其他教育工作者不低于俄罗斯联邦工业部门工作人员的平均工资；

教育机构其他工作人员相当于工业部门同类工作人员的平均工资。

4. 教育机构在其所拥有的本机构员工劳动报酬资金范围内可自行解决工资支付方式和制度，制定工资和职务薪金金额以及补充工资、附加工资、奖金及其他物质奖励标准。

禁止对教育机构教育人员以超过正常最重负担量来提高工作量的手段去筹措用于上述支出的资金。

第五十六条 教育机构工作人员的权利、社会保障和优待权

1. 教育机构工作人员享有参与教育机构管理和捍卫其职业荣誉和尊严的权利。

2. 教育机构教育人员只有在收到对他的书面控告的情况下，才可以对他进行有关违犯教育行为准则和（或）本教育机构章程的纪律审查。应当把控告书复印件转交该教育人员一份。

3. 纪律审查过程及根据审查结果所作决定，只能在取得教育机构相关教育工作者的同意下方可公布，但涉及禁止从事教育工作或须维护学生利益者除外。

4. 教育人员履行业务职责时有权自由选择和使用教学和教育方法、教学参考书和资料、教科书及学生知识的评定方法。

5. 为教育机构教育人员规定工作时间量——一周不超过 36 小时。

俄罗斯联邦劳动法典及俄罗斯联邦其他标准法律文件按照教育机构教育人员的职务和（或）专业考虑其工作特殊性，为他们规定工作时间的长短和每年保留工资的最低休假日期。

教育机构教育人员按俄罗斯联邦法定制度规定享有如下权利：到退休年龄时领取退休金；在农村地区、工人村（城镇型村落）享有带有供暖和照明设施的免费住宅；优先获得住宅。

教育机构教育人员每十年连续教学工作之后有权享受一次为期一年的长假。提供长假的制度和条件由创办者和本教育机构章程制定。

6. 教育机构教育人员劳动合同（契约）中所定的教学负担量，以该类教育机构标准条例规定的上限为限。

7. 在本专业方面拥有学位的高等职业教育机构的教学人员有权无

报酬地讲授与已授课程平行的同一课程。教育机构领导当局有责任为此创造必要条件。

8. 为帮助教育机构教学人员（包括那些所做工作与教育过程有关联的领导人员）得到所需书刊的保障；在高等职业教育机构及相应的补充教育机构里每月发给相当于最低工资1.5倍金额的现金补偿；在其他教育机构里每月发给一倍于最低工资金额的补偿。所发补偿金不属于纳税范围。

9. 国家政权机构及教育管理机构应将当地为农业专家规定的优惠待遇扩大到教育机构中远离城市中心地区及划为此类地区居住的教育人员。

10. 规定为高等职业和中等职业教育的农业院校毕业的专业人员发放购置生产工具和日用器物的一次性补助金的条件和办法也适用于高等职业和中等职业教育的师范院校毕业生及来到农村教育机构工作的其他专业人员。

11. 为生产部门工作人员规定的优惠权和特权，也适用于教育系统的机构、企业和组织所属相应的教学和科研实验室、教学—生产厂、生产厂（车间）及教学后勤部门的工作人员。

12. 为在执行剥夺自由形式的刑事处罚机构中作犯人工作的人员规定的与特殊劳动环境相关的特殊退休金制度和办法，也适用于在附设于执行剥夺自由形式的刑事处罚机构的教育机构和教学—辅导站中作犯人工作的人员。

第五十七条 教育系统的劳动关系

1. 在俄罗斯联邦法律另无所定时，教育机构人员的雇主即为本教育机构。

2. 教育机构工作人员与教育机构的劳动关系以劳动合同（契约）调节。劳动合同所定条件不得与俄罗斯联邦劳动法令相抵触。

3. 除俄罗斯联邦劳动法规定的那些可由行政当局主动终止劳动合同的理由之外，教育机构行政当局作为劳动合同期满前主动解聘本单位教育人员的理由还有：

（1）一年之内重复严重违犯教育机构章程；

（2）对学生、受教育者个人使用了（即使仅有一次）肉体上和

（或）心理上施加暴力的教育手段；

（3）以酗酒或麻醉剂和毒品麻醉状态出现在工作岗位上。

行政领导依上述理由进行解聘，而无须经工会同意。

第六章　教育领域的国际活动

第五十八条　俄罗斯联邦的国际合作

1. 俄罗斯联邦在教育方面的国际合作，按照俄罗斯联邦的法令和俄罗斯联邦国际条约实施。

当俄罗斯联邦国际条约所定准则与俄罗斯联邦的规定有所不同时，应以国际条约准则为准。

2. 教育管理机构和教育机构均享有与外国企业、机构和组织建立直接联系的权利。

3. 外国公民在俄罗斯联邦教育机构学习、培训和进修，如同俄罗斯联邦公民在外国教育机构学习、培训和进修一样，均按各教育机构、各协会、各教育管理机构、其他各法人以及各自然人之间依据俄罗斯联邦国际条约直接签订的合同实施。

第五十九条　对外经济活动

1. 教育管理机构和教育机构均有权按照俄罗斯联邦法定的程序独立进行对外经济活动，并在银行和其他信贷机构拥有外汇账户。

2. 教育机构从对外经济活动中所获得的外汇资金归该教育机构所有，或纳入其业务管理范围，不得没收。

——全文译自俄《教师报》1996年第 5、6 期连载的

《俄罗斯联邦教育法》。